OSER DIRE «NON»

Pourquoi c'est important pour vous et pour votre enfant

Asha Phillips

• MARABOUT •

Sommaire

A mes enfants

Là où coule le fleuve de ta vie
Sur les rives de tes vertes années
Tel l'arbre qui croît,
Je demeure, témoin attentif
Veillant sur ses bourgeons en fleur

Que le reste soit mensonge ou vérité
Cette magie me fut accordée
De percevoir, reflétés dans des sources vierges
Des levers de soleil
Et des lunes qui dérivent
Dans le mystère de ton regard

Freny Bhownagary

Introduction

Mille nuances valent mieux qu'une certitude, surtout quand on sait qu'il y a plusieurs façons de bien vivre.

ADAM PHILLIPS, *On kissing, tickling and being bored.*

Tout le monde sait qu'il faut savoir dire «non», mais tout le monde pense qu'il faut dire «oui» le plus souvent possible. Selon une règle implicite, une personne aimable, attentionnée ou polie ne dit pas «non». Cette règle sévit partout : dans l'intimité du foyer comme dans les plus hautes sphères politiques et sociales. Même la publicité le proclame : «La banque qui aime dire oui». Dans mon travail de psychothérapeute pour enfants, je rencontre souvent des familles qui ont beaucoup de mal à dire «non», et nombre de leurs problèmes viennent de là. Cela étant, c'est souvent à contrecœur que moi aussi je dis «non».

Je crois que dire «oui» à tout n'est pas constructif. Ne pas dire «non» quand il le faut, c'est se couper et couper les autres de maintes occasions de développer un potentiel de ressources. Nous nous sentons alors entravés et avons le sentiment désagréable de céder sans cesse à la facilité. Dire «non», ce n'est pas nier ou humilier l'autre. C'est, au contraire, lui montrer qu'on le croit fort et capable. «Non» est le corollaire de «oui» : l'un ne va pas sans l'autre. L'objet de ce livre est de montrer ce que signifie dire «non» dans le contexte familial, et pourquoi c'est important.

Selon la philosophie du moment, on a présenté l'enfant sous des jours différents, et le rôle des parents a évolué en conséquence. On a décrit l'enfant comme une créature sauvage qu'il fallait civiliser (comme dans *Sa Majesté des Mouches* de William Golding) ou comme un matériau brut qu'il fallait modeler. Il a aussi été décrit comme un être naturellement bon qu'il suffisait d'aimer et de nourrir pour qu'il s'épanouisse : c'est l'image du «bon sauvage» chère à Jean-Jacques Rousseau, réapparue dans les années soixante avec pour maxime : *All you need is love.* Ces théories reviennent cycliquement et leur importance varie selon les cultures.

Inévitablement, les diverses manières de définir l'enfant ont un impact sur les méthodes d'éducation. Ainsi, nous avons connu le mode autoritaire et dirigiste, qui recommandait aux parents d'organiser et de gérer totalement le comportement de l'enfant : par exemple, on imposait au bébé un rythme de sommeil et de biberons par tranches de quatre heures. Il y a eu aussi le modèle que tout le monde connaît, où c'est l'enfant qui est aux commandes de la démarche éducative. Après les années soixante, cette méthode libérale a imprégné peu ou prou tout le système éducatif, tant à l'école qu'à la maison : bébé est nourri à la demande, l'école est «ouverte» et la moins interventionniste possible (l'exemple le plus extrême, l'école anglaise de Summerhill, fondée par A. S. Neill). Au fil du temps, les mentalités changent, les systèmes éducatifs aussi. Aujourd'hui, nous vivons une époque où l'éducation n'est influencée par aucune théorie dominante. Dans les années cinquante, les théories du docteur Benjamin Spock étaient très suivies et l'on parle de la «génération Spock», mais on ne trouve pas d'équivalent pour les années quatre-vingt-dix qui n'ont pas de style spécifique d'éducation, tout comme, d'ailleurs, la musique ou la mode de cette fin de siècle. Ce vide relatif ouvre un espace de liberté en ce qui concerne le choix des méthodes éducatives, mais il laisse aussi beaucoup de parents désemparés devant l'absence de repères.

Je crois que, pour résoudre la plupart de nos problèmes, nous cherchons des solutions de facilité. Vous connaissez peut-être ces histoires orientales qui mettent en scène un personnage appelé Mulla Nasrudin, et qui illustrent, souvent avec humour, une pensée philosophique. Voici une de mes préférées.

> Un homme voit Mulla Nasrudin chercher quelque chose par terre devant sa maison.
> *«Qu'est-ce que tu as perdu, Mulla ?»*, demande-t-il. Et Mulla répond : *«Ma clé»*.
> Alors, tous deux, à quatre pattes, cherchent la clé.
> Après un moment, l'homme demande : *« Mais où exactement l'as-tu laissé tomber ?»*
> *«Dans ma maison».*
> *«Alors, pourquoi cherches-tu ici ?»*
> *«Parce qu'ici, il fait plus clair que dans ma maison».*

Nous faisons comme Mulla Nasrudin : nous cherchons là où il y a le plus de lumière, là où c'est facile plutôt que là où il faut. Alors nous tournons en rond parmi nos petites habitudes ce faisant et nous n'aboutissons à rien. J'espère que ce livre aidera le lecteur à chercher la clé là où il a vraiment des chances de la trouver.

Ce livre n'est pas un recueil de directives ou de recettes. Il a pour but de vous aider à découvrir l'importance de savoir dire «non». Mieux comprendre nos propres comportements et leur impact sur autrui, enrichit notre vie. Ce livre est centré, avant tout, sur l'analyse de nos difficultés et de la source de nos erreurs, mais il met aussi l'accent sur l'évolution et les progrès auxquels nous devons tendre. Cela dit, il faut bien reconnaître qu'il n'y a pas de solution universelle à nos problèmes. L'important est de découvrir parmi les méthodes proposées celle qui nous convient le mieux. Mon expérience de psychothérapeute me permet de croire que l'être humain peut évoluer et rebondir. Parents et éducateurs, nous nous soucions de l'influence que nous avons sur les enfants et le risque de mal faire nous effraie. Rappelons-nous toujours que l'être humain peut changer, et qu'il existe un remède pour chaque difficulté.

Le livre est divisé en chapitres selon l'âge de l'enfant. Ces chapitres ne sont pas des modules indépendants.h65 Chacun d'eux traite de ce qui est prédominant chez l'enfant de la tranche d'âge considérée. Les idées développées dans un chapitre sont applicables à tout âge. Vous voudrez peut-être vous centrer sur le chapitre qui vous intéresse et en laisser d'autres de côté, mais je vous recommande, dans tous les cas, de commencer par lire le premier chapitre consacré aux bébés, parce qu'il amorce en grande partie les réflexion contenues dans les pages suivantes.

Pour protéger leur anonymat, les noms des personnes et des familles ont été changés, de même que les détails de leur histoire, de sorte qu'ils seraient les seuls à pouvoir éventuellement se reconnaître. Les cas racontés pour illustrer mon propos procèdent parfois de la combinaison de plusieurs histoires. Si quelqu'un pense se reconnaître dans ces pages, j'espère qu'il sentira que j'ai traité son cas avec honnêteté et sans voyeurisme. Chaque fois que cela a été possible, et dans tous les cas en ce qui concerne mes amis et mes étudiants, j'ai demandé l'autorisation d'utiliser leurs témoignages.

Pour simplifier les choses, j'ai souvent employé le pronom féminin pour désigner le parent. Ceci s'explique par le fait qu'au début, c'est essentiellement la mère qui s'occupe du bébé (tout comme ce sont souvent des femmes qui veillent sur lui à l'extérieur). J'espère cependant qu'à la lecture de ce livre, on percevra l'importance que j'attache au rôle déterminant du père et des autres membres de la famille.

1
Les bébés

«D'où suis-je venu ? Où m'as-tu trouvé ?» demande Bébé à sa mère. Elle pleure et rit tout à la fois et, pressant l'enfant sur sa poitrine, lui répond : «Tu étais caché dans mon cœur, mon chéri, tu étais son désir.»

RABINDRANATH TAGORE, *La jeune lune*
(trad. de Mme *Sturge Moore).*

Tous les enfants demandent un jour d'où ils viennent. Nous connaissons tous les choses de la vie, mais nous savons aussi que l'enfant fait partie de notre vie bien avant sa naissance. Nous l'avons rêvé, nous avons imaginé ce qu'il serait, avec nos espoirs et nos craintes. Nous nous demandons quelle sorte de parents nous serons, quelle sorte de parents nous ne voulons pas être. Tous ces rêves et fantasmes précèdent la naissance du bébé et même sa conception. Lorsque le bébé naît, il entre dans la vie d'un couple (même s'il ne vit qu'avec la mère, le père est présent en lui), dans une famille, mais aussi dans l'univers mental de ses parents, un univers empli de personnages du passé et du présent, d'espoirs, d'attentes, de craintes et d'une myriade de sentiments divers. Dans ce premier chapitre, nous essayons de voir comment parents et enfant se rejoignent dans cette constellation.

Jusqu'à il y a peu, le bébé n'était pas considéré comme un être à part entière. Il était une petite créature capable seulement de manger, de dormir et parfois de jouer. La recherche moderne a montré qu'en fait, le nouveau-né et le nourrisson sont extraordinairement évolués. Voici quelques-unes de leurs aptitudes : ils peuvent voir, sentir, entendre, goûter, reconnaître et avoir des préférences. Nous savons par exemple que déjà dans la salle d'accouchement, le nouveau-né préfère les visages humains aux motifs abstraits. Le bébé peut fixer quelqu'un et imiter certaines expressions telles que tirer la langue. Il reconnaît l'odeur du lait de sa mère et se tourne naturellement vers le sein au bout de sept jours à peine. Il choisit la voix humaine, en particulier celle plus aiguë et mélodieuse des femmes, de préférence aux autres sons. Il aime le goût sucré et est capable de percevoir un changement dans la saveur des liquides, après seulement deux tétées. Toutes ces facultés lui sont utiles pour capter l'attention et susciter l'émotion des parents. Beaucoup d'entre eux pensent que seul leur bébé a un comportement si extraordinaire. A l'inverse, d'autres sont persuadés – comme ils l'ont toujours entendu dire – que le sourire du bébé n'est qu'une petite grimace sans intention et se refusent à croire que leur bébé cherche à communiquer, à être sociable. Nous savons aujourd'hui que les réflexes sociaux des nouveau-nés sont parfaitement cohérents, qu'il ne s'agit pas d'heureuses coïncidences que les parents s'empressent ensuite d'interpréter comme des manifestations du génie de leur progéniture !

Des études ont aussi montré que le nouveau-né est en symbiose avec le comportement et l'humeur de ceux qui l'entourent. Ainsi, un bébé pourra se mettre à pleurer si la personne qui le tient dans ses bras parle de quelque chose de très triste.

Par moments, cette sensibilité, ce pouvoir expressif et démonstratif font que le bébé peut subir un excès de stimuli. Le bruit, les couleurs, tous ces gens qui le regardent, lui parlent, lui prennent la main, sont autant de stimuli qui peuvent le saturer et déclencher pleurs ou repli sur soi (en particulier chez les prématurés). Nous avons tous eu l'occasion de voir un jour ce petit être irritable qui se rebiffait à la manière d'un hérisson, qui fronçait les sourcils, détournait la tête et se mettait à pleurnicher alors qu'on essayait d'être gentil avec lui. C'est peut-être simplement que les stimuli étaient trop nombreux et votre enthousiasme trop exubérant.

Parce que les bébés sont des individus très complexes, ce que nous faisons et la manière d'approcher le nouveau-né ont une grande importance. Le pédiatre et psychanalyste D. W. Winnicott écrit que le bébé ne peut pas exister seul, qu'il fait avant tout partie d'une relation. On sait désormais que ce qui importe le plus, ce n'est pas ce que les parents ou l'enfant apportent dans la relation, mais ce qui se passe entre les deux, la réciprocité de l'interaction, l'influence que chacune des parties a sur l'autre.

Interpréter les besoins

Pour qu'un être se développe et grandisse, il doit se sentir aimé et compris. Compréhension et communication sont indispensables entre le nouveau-né et ses parents. Lorsqu'un bébé s'exprime en pleurant, en gigotant, en souriant ou en gazouillant, nous interprétons ses souhaits en lui faisant un câlin, en lui donnant à manger, en changeant sa couche, en jouant, etc. Le bébé ne peut pas être plus explicite et, souvent, il ne sait probablement pas ce qu'il veut. Il nous fait juste savoir ce qu'il ressent. Le bébé acquiert très vite l'expérience des signaux qui provoquent les réponses qu'il souhaite, qui le sécurisent et lui permettent de se sentir soutenu. Avez-vous remarqué ses mouvements pareils à ceux d'un astronaute en apesanteur, bras et jambes flottant dans l'air ? C'est l'image que donne le nourrisson lorsqu'il ne se sent pas tenu. Il se sent comme suspendu dans l'espace sans rien pour le sécuriser. Généralement, les parents réagissent en prenant l'enfant dans les bras.

Ce que nous faisons également, peut-être moins consciemment, c'est soutenir l'enfant mentalement, interpréter ses gestes et leur donner un sens. Wilfrid Bion, célèbre psychanalyste, parle dans ses ouvrages du rôle des parents qui consiste à «contenir» les émotions du nouveau-né. Il explique que, lorsque l'enfant est assailli d'émotions qui peuvent le submerger, le rôle de la mère est d'ingérer ces sentiments, de les digérer, de les transformer et de les restituer à l'enfant sous une forme plus assimilable. En d'autres termes, la mère a pour mission de convertir l'insupportable en quelque chose de maîtrisable. Imaginons que le bébé se mette à pleurer parce qu'il a mal au ventre. La mère va naturellement le calmer en lui parlant, en le prenant dans ses bras, en lui tapotant le dos et en l'aidant à faire son rot. Le bébé qui se sentait accablé, va se sentir soutenu, «rassemblé» et enfin apaisé et satisfait.

Lorsque cette expérience se répète régulièrement, le nourrisson a non seulement le sentiment d'être écouté et compris, mais il apprend également à gérer une souffrance. C'est le début d'une forme de réflexion : une réflexion sur ses émotions. Progressivement, le bébé apprend à mettre à profit ses propres expériences et à leur donner corps. C'est ainsi que commence le processus continu de communication et de compréhension mutuelle.

Parfois nous comprenons ce que veut le bébé, parfois pas. Ce n'est que progressivement que l'on apprend à reconnaître les signaux qu'il nous envoie, par tâtonnements et au terme d'une période d'observation minutieuse. Les exemples qui suivent sont extraits de travaux d'étudiants. Dans le cadre d'un programme d'observation de l'enfant, les élèves devaient rendre visite chaque semaine à une famille où un enfant venait de naître. Chaque visite durait une heure. L'observateur ne devait pas prendre de notes. Il devait se contenter de se plonger dans l'atmosphère familiale. Par après, il devait relater, de façon détaillée, ce qu'il avait observé. Le but n'était pas d'analyser la situation mais d'observer ce qui se passait. Cette méthode naturaliste est proche de celle utilisée par les éthologistes lorsqu'ils étudient le comportement animal. Une fois l'observation terminée, étudiants et professeurs se réunissaient pour tenter de comprendre l'expérience vécue en évitant, bien sûr, de tirer toute conclusion trop hâtive. L'objectif de cet exercice était d'étudier le développement de l'enfant par l'expérience vécue. L'observation fait partie intégrante de la formation psychanalytique, mais elle est également très utile à tous les professionnels qui travaillent avec les enfants ou dans un contexte thérapeutique, notamment les infirmiers, les aides à domicile, les enseignants, les assistants sociaux et les médecins généralistes.

> Théo, un bébé de six semaines, s'éveille lentement en clignant plusieurs fois des yeux. Il se met à pousser de légers gémissements. Sa mère s'assied à côté de lui et le regarde. Elle lui dit d'une petite voix : «Alors, tu reviens du pays des rêves ? De quoi pouvais-tu bien rêver ? C'est le klaxon de la voiture qui t'a réveillé ? Qu'est-ce que tu as vu dans ce monde-là ? Tu ne veux rien raconter à maman ?» Théo émet un son plus fort que les précédents tout en gardant les yeux fixés sur sa mère. Cette dernière le prend dans ses bras et le serre contre elle. Théo s'arrête de pleurer et tourne la tête en faisant mine de chercher quelque chose. «Tu as faim, n'est-ce pas ? Tu veux un peu de lait ?» Elle déboutonne son corsage et met l'enfant au sein. Théo hésite une seconde, puis saisit le mamelon avec empressement. Leurs yeux ne se quittent pas tant que Théo tète. Elle ne cesse de lui parler avec douceur sans jamais lâcher son regard. «Tu avais faim, n'est-ce pas ? Je me demande quel goût a le lait dans ta bouche. Il doit être sucré... Mais tu ne connais que ça. Je pense que le goût du lait change avec le temps, non ?» Théo lâche le mamelon, regarde sa mère, puis se remet à téter.

Dans cet exemple, la mère ne cesse de se mettre à la place de son fils et essaie d'adapter ce qu'elle a à offrir aux besoins de Théo. En lui parlant et en le regardant, elle maintient le contact avec lui et donne une forme et un sens aux signaux envoyés par son enfant. En prenant en compte la plainte émise par son bébé, la mère lui apprend à être entendu. Elle traduit son inconfort par un besoin de nourriture qu'elle satisfait. Elle est près de lui quand il s'éveille. Elle traite l'enfant avec douceur, l'aide à sortir du sommeil et tente de l'apaiser avec des mots.

Dans l'exemple ci-dessous, c'est le contact physique avec le bébé qui est le plus intense.

> Anne, un bébé de six semaines, dort dans les bras de sa mère. Elle s'éveille et commence à s'agiter. Elle tourne la tête à la recherche du sein. La mère se tourne vers moi et dit : «Regardez, elle sait ce qui va se passer.» Elle maintient délicatement la tête de l'enfant au creux de son bras tout en lui présentant le sein. Anne saisit le mamelon sans hésitation. Elle prend le temps de s'installer confortablement en faisant des mouvements avec les bras, puis se met à téter. Son corps s'apaise instantanément. Ses mains reposent sur la poitrine de sa mère. Anne est parfaitement immobile. Seule sa patite bouche remue. Elle ponctue la tétée de courtes pauses. Je remarque que sa mère la tient tout contre elle et qu'elle l'entoure des deux bras. Leurs corps paraissent s'emboîter pour ne former qu'une seule personne. Mère et fille sont absorbées l'une par l'autre. Plus rien ne bouge dans la pièce pendant les vingt minutes que dure le repas. Anne s'est endormie. Je ne sais plus si c'est sa bouche qui a lâché le mamelon ou si c'est le mamelon qui a glissé de la bouche de l'enfant.

Dans cet exemple, la mère tient tendrement l'enfant dans ses bras. Elle reconnaît les mouvements d'impatience de sa fille et lui offre le sein. Bientôt, elles sont toutes deux parfaitement calmes. On peut remarquer avec quell aisance la symbiose s'installe. Le phénomène de fusion apparaît dès les premiers contacts entre la mère et son bébé, mais il est encore plus intense lorsque leurs corps s'emboîtent. Avec le biberon ou, plus tard, la cuiller, cette union persiste toujours, comme si l'ustensile était le prolongement du corps de la mère, Même si elle est moins évidente que lorsque le bébé est nourri au sein.

Parfois, la période de l'allaitement est très stressante. Cela peut être le cas après un accouchement difficile ou lorsque la mère se retrouve seule et isolée, ou simplement quand la maman ne vit pas bien ce bouleversement que représente la maternité.

La mère de Lucie me raconte: « Ça a été horrible ce week-end. Nous étions chez mes parents et Lucie refusait obstinément de prendre le sein. Je suis allée voir le médecin lundi, et nous avons constaté qu'elle n'a pris que très peu de poids depuis sa naissance. C'est perturbant et tellement frustrant... J'adorais donner le sein à sa sœur, même la nuit. J'aimais ces moments où l'on se retrouve seule avec son enfant : rien d'autre n'existe, on est absorbé l'un par l'autre. Je ne ressens pas du tout la même chose avec Lucie. »

Pendant que la mère parle, Lucie (sept semaines) se met à pleurer. Sa mère prend un coussin et un magazine. Elle s'installe l'enfant sur le coussin. Les pleurs de Lucie redoublent. La mère ne sait quel sein offrir. Elle met plusieurs secondes (une éternité !) à se décider. Dès que le sein lui est présenté, Lucie s'en empare et se met à téter régulièrement. Ses doigts palpent le sein, ses pieds bougent légèrement. Soudain, ses jambes s'agitent, elle lâche le mamelon et pousse un cri. Elle pleure un peu et se remet à téter en se tortillant. La mère retire son sein et dit : « Et si tu faisais ton rot ?» Lucie, qui est assise sur ses genoux, se met à hurler, le visage grimaçant. La mère lui tapote le dos et essaie de lui faire faire un renvoi, sans succès. Elle lui présente de nouveau le sein. Lucie attrape le mamelon et se remet à téter pendant environ trente secondes. Elle fait son rot et recommence à pleurer en gigotant. Sa mère la rassied. Le bébé hurle à nouveau, le visage en feu. Ce schéma se répète tout au long du repas.

Dans cet exemple, la mère voit arriver l'heure de la tétée avec angoisse. Elle explique combien allaiter sa fille est pénible pour elle. Elle prend même un magazine pour se distraire. L'échange est empreint d'incohérence et d'incompréhension. C'est ce que Daniel Stern, professeur de psychologie et chercheur américain, appelle un «faux pas dans la danse». L'expérience est mal vécue par les deux parties. Mère et enfant sont désolidarisés, séparés. Pour la mère, la tétée est une épreuve débouchant sur un échec.

Interaction : compréhension et incompréhension

Dans toute famille ordinaire, les périodes de compréhension et d'harmonie alternent avec les périodes d'incompréhension et de discordance. Ce sont les «hoquets» quotidiens de la croissance. Il faut espérer cependant que le positif l'emporte et aide l'enfant et ses parents à surmonter les mauvais moments.

C'est en étant à l'écoute de leur bébé et en s'efforçant d'interpréter ses besoins que les parents aident leur enfant à trouver sa stabilité et à s'engager dans le monde. L'enfant ne peut que bénéficier de cette expérience vécue et revécue de parents attentifs à ses besoins et désireux de les combler. Sans cette base solide, il ne pourra pas supporter les frustrations et les attentes.

Pour explorer le processus de communication entre l'enfant et l'adulte, des expériences ont été menées qui interrompent l'interaction entre la mère et l'enfant. Ces études ont montré que les périodes d'attention qui caractérisent l'échange parents-enfant sont ponctuées de courtes pauses. Ce schéma régulier permet aux participants de se relayer et d'adapter le rythme. La réaction de chacun dicte la réponse de l'autre. Les premières études confrontaient un bébé de trois semaines, agité, à un visage muet et dodelinant. Cette image faisait pleurer le bébé, mais les pleurs cessaient dès que le visage disparaissait. Depuis plusieurs années, la recherche s'intéresse à ces «visages immobiles». La mère et le bébé, installés dans la même pièce, sont filmés. Le bébé étant installé confortablement dans sa chaise, on demande à la mère d'agir normalement avec lui sans le prendre dans ses bras. Puis la mère quitte la pièce. Quand elle revient un peu plus tard, on lui demande d'afficher un visage calme et inexpressif pendant quarante-cinq secondes. L'expérience, surveillée sur écran et enregistrée, montre qu'un visage sans réactions déroute et inhibe le bébé. Le résultat est flagrant : le petit enfant détecte tout de suite le changement et réagit. En général, et parfois plusieurs fois de suite, il commence par se détourner de sa mère, puis la regarde de nouveau. Si son manège reste sans résultat, il se ferme et cherche le réconfort en lui-même. Les vidéos montrent aussi que la mère se trouble, s'agite et se ferme en voyant les réactions du bébé.

La Britannique Lynne Murray a mené d'autres recherches sur l'interaction mères-bébés en utilisant des enregistrements vidéo. On filme d'abord la mère, d'une part, et l'enfant, d'autre part, interagissant normalement. Trente secondes plus tard, on montre au bébé l'enregistrement de la mère. Comme il s'agit d'images différées, le bébé voit une mère, attentionnée, il est vrai, mais dont les réactions ne correspondent plus à son propre comportement. Le bébé montre son trouble et sa détresse. Lynne Murray a distingué les perturbations «naturalistes» des perturbations «non naturalistes» : elle a montré qu'une interférence ordinaire, comme s'adresser à une autre personne, tranquillise le bébé, alors qu'une attitude «incompréhensible», notamment lorsque la mère reste sans réactions ou réagit à contretemps (par exemple, en répondant à des cris par un sourire bienveillant), provoque chez le bébé la perplexité d'abord, la détresse ensuite. Dans ces expériences, les mères aussi sont perturbées quand elles visionnent l'enregistrement des réactions de leur bébé.

Ces expériences isolées peuvent sembler cruelles, mais elles ne représentent ensemble que quelques minutes dans la vie du bébé. Elles permettent cependant d'imaginer les conséquences lorsque les relations quotidiennes parents-bébé ressemblent aux expériences. Les travaux de Lynne Murray ont conduit à d'autres recherches sur les effets de la dépression postnatale chez la mère. Ces recherches ont contribué à la détection précoce de l'interaction perturbée et à l'élaboration de moyens pour y remédier.

Ces expériences, parmi d'autres, démontrent que c'est l'*interaction* entre la maman et le bébé qui compte – ce qui se passe entre eux. Pour se développer, le bébé a besoin qu'on le regarde, qu'on l'entende, et qu'on lui réponde. On a cependant découvert que c'est la réactivité modérée qui est la plus profitable : quand il y a erreur d'interprétation et que le couple parent-bébé se remet de ce désaccord. Heureusement, personne n'attend des parents qu'ils ne se trompent jamais. C'est tout à fait dans l'esprit de ce livre de reconnaître que les malaises temporaires favorisent le développement du bébé, du moment que ses besoins sont satisfaits la plupart du temps. Comme le dirait Winnicott, le bébé a besoin «d'une tendresse maternelle suffisante». La capacité de dire «non» doit s'accompagner d'une grande attention pour les besoins du bébé.

Je me souviens du petit Jim que j'ai observé jusqu'à l'âge de deux ans. Sa mère était prévenante et réfléchie, elle semblait toujours savoir ce que l'enfant voulait et anticipait souvent ses demandes. A l'époque, je la tenais pour la mère idéale. A onze mois, Jim, qui ne marchait pas encore, adorait s'accrocher à sa maman pour qu'elle l'aide à grimper et redescendre l'escalier. Il se jetait sur les marches, tandis que sa mère, courbée, le soutenait en lui tenant les mains. Elle s'épuisait à ce petit jeu qui n'en finissait pas, tandis que le petit devenait tyrannique et impitoyable. Depuis, j'ai revu mon opinion et j'ai compris qu'il n'y a pas de mère idéale.

Chercher à éviter à son enfant toutes les contrariétés possibles semble être une bonne chose, et pourtant... J'ai compris plus tard que Jim supportait très mal la moindre frustration et qu'il gérait les problèmes avec beaucoup de difficulté. Sa mère, en cédant à ses caprices, ne l'avait pas aguerri, ni physiquement (il faisait peu d'efforts musculaires pour escalader les marches) ni émotionnellement. Il avait aussi l'impression de réaliser l'exploit tout seul et n'apprenait ni à développer ses moyens propres ni à comprendre qu'il avait besoin d'aide. Il lui suffisait d'imposer et d'exiger pour obtenir satisfaction. Sans doute pensait-il que c'est la force de sa volonté qui l'amenait en haut de l'escalier. Ne reconnaissant aucun rôle à sa mère, Jim n'apprit pas non plus la gratitude.

En disant «non», la maman de Jim l'aurait aidé à comprendre ce qu'il pouvait ou ne pouvait pas faire tout seul, et quelles activités se font facilement ou au prix de certains efforts. L'absence d'affrontement a fait de Jim un petit despote. Les relations mère-enfant s'en ressentirent et les moments passés ensemble étaient souvent désagréables : la mère se sentait malmenée et impuissante, et Jim se montrait exigeant et colérique.

Tout ceci m'a fait comprendre que ce qui est bon à un âge ne l'est pas nécessairement à un autre. Les bébés et les jeunes enfants se développent très rapidement et nous devons nous adapter à l'évolution de leurs besoins. Dans le cas cité, Jim a tiré un réel profit des réponses immédiates de sa maman quand il était très petit : il a développé sa confiance en soi tout en se sentant soutenu et aimé. En revanche, plus tard, son autonomie s'en est trouvée entravée et sa tyrannie encouragée. Ils étaient tous deux bloqués dans leur évolution, la mère ne faisant rien pour encourager l'enfant à fournir l'effort qui lui aurait finalement permis de se débrouiller seul. Les seules options possibles étaient l'échec ou la réussite. C'était comme si ni l'un ni l'autre ne pouvait tolérer la période d'apprentissage.

L'apprentissage suppose le manque de connaissances. Pourquoi apprendre, si vous pensez tout connaître ? Pour progresser, il faut d'abord admettre ses lacunes. Se faire aider par d'autres, c'est aussi reconnaître qu'ils ont des choses à nous apprendre. Etre conscient de sa dépendance est un premier pas qui conduit à demander de l'aide et à en tirer un bénéfice. C'est pendant la petite enfance que les bases sont jetées. Beaucoup d'enfants et d'adolescents vivent dans une illusion d'indépendance et de maturité et n'arrivent pas à tirer profit des leçons de leurs professeurs ou de l'aide qu'on leur prodigue.

Des individus distincts

Dire «non», c'est affirmer son individualité. Les premières expériences de celle-ci sont très importantes. Les premiers jours, le bébé a une autonomie extrêmement limitée. Contrairement à la plupart des autres mammifères, le petit humain reste longtemps dépendant. Si le père ou la mère anticipent tous ses besoins avant même qu'ils soient exprimés, le bébé pourrait ne pas comprendre qu'il est un être distinct. Bébé s'inquiète, pousse un cri, et voilà qu'instantanément le sourire de papa ou maman apparaît au-dessus du couffin. Si ceci se produit fréquemment, le bébé ne ressentira pas que ses parents ont une vie indépendante de la sienne. Comme l'écrit Winnicott, «la parfaite adéquation semble magique et l'objet qui réagit idéalement devient irréel». En revanche, un moment d'attente établit dans l'esprit du bébé la réalité de la personne qui vient quand il appelle.

Les parents parfaits n'existent pas. Prévenir chaque besoin du bébé et lui éviter toute peine, c'est façonner un enfant malheureux et mal adapté, et un adulte inapte à la vie en société. S'il est vrai qu'au début, il se sentirait roi dans son domaine magique, avec le temps viendrait le règne de la solitude et de l'inadaptation. Rappelez-vous l'histoire du prince Siddharta à qui ses parents voulaient épargner la vue de tout ce qui n'était pas beau ou heureux. Il grandit dans un palais magnifique, mais malgré leur puissance et leur fortune, ses parents ne réussirent pas à le protéger tout à fait. Un jour, le prince sortit de son palais, découvrit la souffrance des autres et devint Bouddha. Beaucoup de mythes et légendes illustrent l'idée qu'aucune richesse au monde ne peut remplacer les contacts humains, même si ceux-ci impliquent tristesse et souffrance. Les relations véritables incluent le bien-être, l'harmonie et l'amour, mais aussi les frustrations, les luttes, les haines.

Répondre aux messages du bébé, c'est lui faire ressentir qu'il existe réellement. Un moment d'attente entre son message et la réponse l'aide à comprendre qu'il est un élément d'un ensemble. La durée de l'attente doit se déterminer avec bon sens. Comme nous l'avons vu plus haut, l'absence de réponse ou un délai inapproprié ne peut que perturber le bébé. Quelle est alors la bonne durée ?

Souvent, bébé lance un appel et quelqu'un intervient : on change ses couches, on le nourrit, on lui tend un jouet... En voulant éviter la moindre frustration au petit enfant, nous avons tendance à interpréter trop vite le message : nous attribuons un sens au début de l'appel en empêchant le bébé de s'exprimer pleinement. En voulant protéger l'enfant, nous le privons de ses expériences personnelles. Nous cherchons à lui donner ce qui nous réconforte nous-mêmes. Nous supportons mal l'attente, qui pourtant nous permettrait, au bébé comme à nous-mêmes, de clarifier la situation. En vérité, nous sommes incapables de résister à la demande du bébé ou à ce que nous croyons qu'il demande.

Le bien-être immédiat

Laisser un délai entre l'appel du bébé et la réponse, est une chose essentielle à son éducation. Voici quelques situations illustrant l'importance de savoir dire «non».

Le sommeil

Jacques est né après un accouchement long et difficile. Pendant les deux ou trois semaines qui suivent, Hélène, la maman, se sent souvent fatiguée et au bord des larmes. Jacques, quant à lui, est vif et réagit affectueusement : il est souvent éveillé, se blottit contre sa mère et la regarde avec amour. En revanche, il n'aime pas son couffin et pleurniche dès qu'il n'est plus en contact avec elle. Il ne dort pas beaucoup... et Hélène non plus. Tous deux se fatiguent et deviennent irritables. L'agréable contact physique du début devient pour la maman de moins en moins supportable. Finalement, elle coltine le bébé partout : en faisant le ménage ou la cuisine, et même lorsqu'elle va aux toilettes. Jacques vit accroché à elle comme un parasite à son hôte. Parfois, Hélène sent que ses efforts ne sont pas appréciés par Jacques et elle lui en veut.

C'est le scénario classique d'une maman qui pense que son bébé devient gâté et capricieux et sait comment la manipuler. Les sensations désagréables peuvent, pendant un moment, devenir la trame même de relations qui ne satisfont aucun des partenaires. On peut souvent observer des mères dans la situation d'Hélène qui font les cent pas, leur bébé dans les bras en lui demandant ce qui ne va pas, ce qu'il veut, pourquoi il n'est pas heureux.

Dans le cas d'Hélène et Jacques, quand le père, Nicolas, rentre à la maison, il voit combien le bébé est fatigué. Avec son aide, Hélène peut coucher Jacques dans son couffin, où il pleure un moment et s'endort enfin pour s'éveiller plus tard, détendu.

Il y a quelques leçons à tirer de ce cas. Hélène a eu besoin de l'aide d'une personne extérieure au couple mère-enfant pour comprendre ce qui se passait. Obnubilée par Jacques, elle n'arrivait pas à prendre du recul. Dans ce cas, l'aide du père, d'une grand-mère, d'une tante, d'un ami, peut être précieuse.

Nous avons examiné l'histoire du point de vue de l'adulte. Voyons maintenant comment Jacques a pu la vivre. Le bébé est habitué au contact physique avec sa mère, il aime son odeur et aime toucher ses vêtements. Il apprécie que son corps s'ajuste si bien aux bras de sa maman, et que ceux-ci s'adaptent à ses propres mouvements. Maman répond à ses gazouillis et à ses messages. Quelle différence avec ce couffin rigide et ces draps amidonnés qui sentent la lessive ! Jacques se sent abandonné dans ce couffin où il n'arrive pas à se blottir comme dans les bras de maman. En le coltinant partout ou en le prenant dans ses bras dès qu'il pleurniche, Hélène le conforte dans l'idée que le bébé ne peut se passer d'elle et que le couffin est vraiment un lieu peu recommandable.

Mais en couchant Jacques dans son couffin tout en lui parlant d'un ton apaisant, Hélène lui démontre qu'il peut s'y endormir en toute sécurité. Elle répond «non» à son souhait de rester dans ses bras et montre en même temps que le couffin est le meilleur endroit pour dormir. Elle entend bien que le bébé pleurniche et rouspète, mais elle sait que cela passera et s'en tient à l'essentiel : le repos du bébé. Ce faisant, elle établit une règle qui le sécurisera tout en développant sa conscience du «moi». Elle lui donne aussi le temps de développer sa capacité d'adaptation. Après quelques temps, Jacques a découvert qu'en se tortillant un peu, il trouvait à se blottir dans son couffin contre une serviette-éponge roulée qu'Hélène y avait disposée.

D'autres bébés se réconfortent en suçant leur pouce ou en adoptant des positions particulières. Certains recherchent la présence d'un objet doux ou parfumé, d'autres sont sensibles aux sons, d'autres encore fixent une lumière, une plante ou un motif sur le bord du couffin. Bébé choisit tout seul ce qui lui convient, mais une aide peut venir des parents, qui font jouer ses mélodies favorites, par exemple. Un câlin, puis de la musique, des caresses dans le dos et un bonsoir murmuré à l'oreille peuvent devenir la routine familière et rassurante du coucher. Bébé apprend aussi qu'à la fin du petit somme, papa ou maman sera là. Voilà quelques repères qui seront utiles non seulement quand bébé doit dormir, mais aussi chaque fois qu'il faudra le laisser seul, par exemple dans son relax ou sur son tapis d'éveil.

C'est ainsi que l'enfant apprend à développer ses ressources personnelles plutôt qu'à dépendre complètement du monde extérieur. Il faut pour cela qu'il ait reçu suffisamment d'amour et de compréhension, «carburant affectif» qui le fait avancer.

La réponse immédiate peut, quant à elle, priver le bébé du plaisir de la découverte de son moi.

Michel, neuf semaines, a un sommeil agité. Il fronce les sourcils, puis sourit. Son berceau se balance au rythme de ses mouvements. Fascinée, je l'observe durant une demi-heure. Son visage change d'expression tout le temps, sans trouble apparent. Sa main fait des petits mouvements autour de son visage. Il fait la moue et, parfois, sa bouche produit de petites bulles de salive. De temps en temps, ses paupières frémissent comme s'il essayait de les ouvrir, mais le sommeil est le plus fort. Il bouge les jambes, ses mouvements se précisent et soudain, il s'éveille sans pleurer, mais en émettant une sorte de miaulement. Il observe le bord festonné du rideau au-dessus du berceau qui se balance au gré de ses mouvements. Ses mains s'agitent, son regard va de droite à gauche, d'un pan à l'autre du rideau. Le voilà qui donne des coups de pieds dans le vide, qui amplifient le balancement et le mouvement du rideau. Il agite les bras qu'il a complètement dégagés de sous la couverture. Son regard est captivé par le tissu flottant au-dessus de lui et sa bouche dessine un «O» émerveillé. Il émet des petits sons ravis. Il a l'air parfaitement heureux.

Si on avait pris Michel dès son réveil, il n'aurait pas pu examiner ses mains, sentir les bulles sur ses lèvres, observer les mouvements du rideau, faire le lien entre ses mouvements et le balancement du berceau; bref, apprendre des choses sur lui-même et sur sa place dans le monde. Cet éveil représente plus qu'un simple moment de plaisir : c'est aussi une exploration de l'environnement et une expérimentation. Michel commence à utiliser ses ressources propres au lieu d'attendre une aide extérieure. Cette situation se produit chaque fois que le bébé est seul, et pas seulement quand il s'éveille. C'est un moment privilégié qui contient les germes de l'autonomie et de la confiance en soi.

La nourriture

Il arrive que pour calmer bébé, nous recourrions à des remèdes qui nous conviendraient bien, mais qui sont peu adaptés à l'enfant. Beaucoup de parents offrent de la nourriture, alors qu'un regard, une parole, une chanson, un câlin feraient l'affaire. Si la nourriture est toujours le premier recours, le bébé apprend vite que manger est l'unique réponse possible à ses problèmes. Voici des exemples issus de l'observation.

Julie, douze semaines, est couchée sur le dos. Elle joue depuis plus de dix minutes avec des jouets suspendus au-dessus du berceau. Sa mère, Paula, vient lui parler en lui caressant la joue, puis retourne à ses tâches ménagères. Pendant une minute ou deux, Julie agite les pieds et gazouille en regardant autour elle, à ma grande surprise car je pensais qu'elle n'accepterait pas que sa mère s'éloigne. Puis le gazouillis devient plaintif, sa bouche grimace, découvrant ses gencives, et la plainte devient pleurs. Le visage rougit un peu, les yeux se ferment et les poings se serrent. Paula accourt : «Pauvre Julie ! Tu as faim ?». Elle met un doigt dans la bouche du bébé, qui ne le suce cependant pas. «Tu as faim ! Attends», dit Paula en prenant la petite dans ses bras. Julie se calme.

Julie regarde sa maman qui essaie de se rappeler quel sein donner à l'enfant. Paula opte pour le sein droit que Julie accapare. «Gentille Julie», dit la mère. Julie tète calmement, puis s'interrompt, puis tète encore, pendant huit minutes. «Assez ?», demande Paula en écartant Julie de son sein. En voyant le bébé, gavé et somnolent, me vient l'image de ces empereurs romains qui s'empiffraient pour vomir ensuite.

Paula quitte la pièce pour répondre au téléphone. Julie, frustrée, fait la moue et se met à pleurer. «Oh, pardon, tu as encore faim !», dit la maman qui revient, et elle présente le sein gauche à l'enfant qui s'en empare. Et la tétée, entrecoupée de petits moments d'arrêt dure encore une quinzaine de minutes. «Il faut que je t'interrompe un instant, ma chérie», dit Paula qui passe un coup de fil à une amie pour fixer un rendez-vous pour le déjeuner et discuter du menu. Comme Julie pleurniche, Paula écourte la conversation, en disant qu'il faut qu'elle finisse de nourrir l'enfant. Julie tète encore un peu. Après quelques minutes, Paula retire le bébé de son sein. Tandis que Julie, rassasiée, ferme les yeux et s'endort, Paula téléphone à une autre amie pour fixer un rendez-vous pour le déjeuner du lendemain et en établir le menu. Elle se fait alors une solide collation, revient observer le bébé endormi, lui caresse le ventre et dit : «Gentille Julie». Julie remue à peine. Ses lèvres, par moments, ébauchent un mouvement de succion, comme si elle rêvait de tétée.

Dans cet exemple, la maman interprète invariablement les pleurs de Julie comme un signal de faim, alors qu'elle voulait peut-être simplement de la compagnie, ou changer de lieu ou, lassée d'être couchée sur le dos, changer de position, ce qu'elle ne peut pas faire par elle-même. Julie se nourrit d'abord calmement et semble rassasiée dès la première interruption, comme si elle avait mangé sans avoir faim, mais ensuite elle tète plus énergiquement. On pourrait donc penser que Julie avait faim, après tout, ou qu'elle apprend à réagir en s'alignant sur ce que pense sa mère, notamment qu'il faut manger pour se sentir mieux. Elle sent bien qu'on caresse son petit ventre bien rempli pour la féliciter de si bien manger.

Le comportement de la maman nous démontre qu'elle aussi ressent un vide et se console en mangeant et en parlant cuisine avec ses amies. La nourriture sert souvent de réconfort, tant chez l'adulte que chez l'enfant. Ici, il semble que la maman applique à son enfant le remède qu'elle utilise pour elle-même. C'est une réaction très courante. L'autre attitude possible était d'attendre pour voir si Julie pouvait, par son comportement, faire comprendre ce qu'elle voulait.

Au cours des semaines suivantes, nourrir Julie dès le moindre pleur est devenu la règle et le principal moment de contact entre la mère et le bébé. Les autres interactions possibles, telles que le jeu ou la conversation, sont singulièrement absentes. Durant cette période, Paula se sentait perdue, déprimée, et cherchait un réconfort dans la compagnie d'amis et dans la nourriture. Quand elle commença à être plus à l'aise dans son rôle de mère, elle découvrit d'autres moyens de réconfort pour elle-même comme pour Julie. Lorsque la petite eut l'âge de cinq mois et demi, sa mère lui disait tendrement : «Il y a autre chose dans la vie que la nourriture, n'est-ce pas ?».

La fixation sur la nourriture peut être générée par le sentiment d'insécurité de la mère qui pense qu'elle n'a rien d'autre à offrir. Au moins, le lait vient bien d'elle et ne peut être que bénéfique. Beaucoup de mères pensent que leur bébé ne s'intéresse pas à elles en tant que personnes, mais seulement en tant que nourrices. Allaiter apparaît alors à la maman comme sa seule contribution possible.

Un sentiment similaire peut exister chez les mamans qui nourrissent le bébé au biberon. Elles peuvent croire que rien de ce qui vient d'elles ne convient et elles trouvent alors une compensation dans le gavage au biberon.

> Après deux fausses couches, Anne met au monde le petit Charles. L'accouchement est difficile. Anne doute de son aptitude à s'occuper du nourrisson et est déroutée devant les signaux du bébé.
>
> Un jour, Charles a alors trois semaines, Anne prend dans ses bras le bébé qui pleure. Tandis qu'elle le caresse, il essaie de sucer la peau de la maman. Anne le prend sur les genoux, puis le reprend contre son épaule où le bébé se met à sucer le col de sa robe. «Je ne comprends pas ce qu'il veut, dit Anne. Ah ! je sais ce que je n'ai pas encore essayé !». Elle couche le bébé sur le ventre et lui caresse le dos. Charles essaie de lever la tête et se remet à pleurer. Enfin, Anne lui propose le sein que le bébé accapare. Le petit corps et les jambes de Charles se détendent tout en se blottissant contre le corps de la maman.

Contrairement à la maman de Julie, Anne ne pense pas a priori à la tétée. Elle imagine toutes sortes de choses, avant de penser que Charles pourrait avoir faim ou simplement envie de téter. L'enfant se nourrit avec plaisir et gagne du poids, mais au bout de quelques semaines, Anne pense qu'elle n'a pas assez de lait et décide de nourrir Charles au biberon. L'enfant continue à prendre du poids tout à fait normalement. L'habitude s'installe pour le bébé de vouloir prolonger les repas, et pour Anne de croire qu'il mange trop.

> Charles, onze semaines maintenant, pleure en essayant de se mettre le poing dans la bouche. «Tu ne peux pas avoir encore faim. Tu as mangé il y a une heure», dit Anne qui décide de donner à l'enfant le fond restant du biberon précédent. La tétine en bouche, Charles a l'air à la fois surpris, excité et rassuré et il se met à téter énergiquement. Il vide le biberon et recommence à pleurer. Anne lui présente un autre biberon qui suscite chez l'enfant les mêmes réactions. En finissant son biberon, Charles a l'air repu, et du lait lui coule sur le menton.

Désormais Charles semble toujours vouloir manger. Anne, qui ne sait pas quand il a assez, hésite à dire «non». C'est, en effet, bien difficile de distinguer le «suffisant» du «trop». La nourriture est devenue l'essence même de leur relation. Anne sent que Charles veut manger et Charles ne peut s'arrêter. Ni la mère ni l'enfant n'arrivent à rompre le cercle. Cela devient difficile de fonder des contacts sur autre chose que les repas. Comment offrir des «aliments» d'une autre sorte, tels que la conversation, le jeu ou d'autres expériences ? Les routines, qui s'installent sournoisement, sont difficiles à briser. Quand Charles émit de nouveaux signaux, Anne eut de la peine à les reconnaître.

> Charles (21 semaines), par terre, s'intéresse aux jouets autour de lui. Anne relève l'enfant qui pousse quelques gémissements. «Oh, tu as faim. Je t'apporte du lait», dit Anne. Elle le dépose et va prendre le lait. Quand elle

revient, Charles est en train de jouer, satisfait. Anne le prend dans ses bras et lui donne le biberon. Charles boit.

Ceci nous montre combien c'est difficile pour Anne de comprendre l'évolution des centres d'intérêt qui tend à se manifester chez son enfant. C'est le souci de la nourriture qui l'emporte, et tous deux en reviennent à la routine. Dans cette situation, d'autres bébés peuvent protester et se détourner du biberon, ou se montrer plus explicites en tendant les bras vers le jouet.

Au début, le problème était qu'en suralimentant Charles et en ne disant jamais «non», on a fait de lui un enfant insatisfait, réclamant toujours à manger et pesant trop lourd. Avec le temps, Anne lui a aussi donné de l'eau ou des petites choses à croquer. Le souvenir de ses fausses couches et de l'accouchement difficile l'avait rendue anxieuse et elle avait du mal à reconnaître que Charles évoluait bien. Ses premiers doutes sur la qualité du lait maternel l'ont incitée à préférer le biberon. Cela n'a pas suffi à la rassurer sur la bonne santé de Charles. Ce n'est qu'à partir du moment où elle a été certaine de la viabilité de Charles qu'Anne a réussi à établir des liens plus normaux avec son enfant.

Comme nous l'avons vu, comprendre le bébé n'est pas chose aisée. Au début, ses signaux sont interprétés selon nos propres réactions aux situations de besoin et selon nos propres idées sur la manière d'élever les enfants. En retour, nos réactions aux signaux du bébé l'aident à donner un sens à ses sensations. Les signaux émis par Julie et Charles ont été interprétés principalement comme l'expression de la faim. Les bébés ont ainsi pris l'habitude de manger et même – pour Charles – d'exiger de la nourriture chaque fois qu'ils ressentaient un manque, un besoin. Si ce schéma ne change pas, il peut engendrer des problèmes plus tard mais, en général, il s'agit de situations passagères vite dépassées (comme dans les deux exemples ci-dessus) qui sont la manifestation coutumière d'une incompréhension entre deux personnes qui sont fragilisées et vulnérables à un moment donné de leur vie.

Action et excitation

On connaît bien les aspects matériels des soins aux bébés : les repas, les couches à changer, les bains, les siestes... Mais l'aspect psychologique est au moins aussi important : parler avec le bébé, lui chanter une chanson, le tenir dans ses bras, susciter des réactions.

Certaines mères trouvent difficile de simplement «être» avec le bébé. Elles pensent qu'il faut le distraire tout le temps.

> A quatre mois et demi, Rose est assise dans son trotteur et joue avec un grand jouet en plastique équipé de boutons. Quand on presse les boutons, un son est émis. Rose est captivée. Elle regarde les boutons, les yeux grands ouverts et les lèvres pincées, puis elle ouvre la bouche et bave un peu. Lise, sa mère, intervient en parlant du son qu'émet le jouet, et elle actionne un interrupteur pour le modifier. Rose regarde vers moi, puis vers sa mère, et recommence à jouer. A force de gigoter, Rose se retrouve dans une position inconfortable dans son trotteur. Frustrée, elle s'énerve, essaie de mordiller le jouet et se met à pleurnicher. Sa mère lui reprend le jouet et lui donne un livre en toile que Rose s'empresse de mordiller. Le bébé fait une grimace en regardant le livre. Lise lui offre ensuite un anneau de dentition que Rose mastique avec ardeur. Mais l'enfant se lasse et recommence à pleurer. Lise relève sa fille qui, arquant le dos, cherche à se coucher. Lise la relève encore pour la mettre debout. Rose proteste. Lise la couche et se met à jouer avec ses petits pieds. Rose observe sa mère, tire et rentre la langue, fait des mouvements des lèvres. Lise chante alors en la mimant la comptine du *Petit nez rond.* Rose cligne des yeux, surtout à la fin, quand sa mère lui prend le nez («car il est bien accroché !»).

Voilà qu'on sonne. Le visiteur s'avance et soulève Rose dont le visage montre un peu d'inquiétude. Il lui parle, l'élève en l'air en la secouant un peu pour provoquer un sourire. Rose reste impassible, puis elle s'agite et commence à pleurer. Lise reprend sa fille dans ses bras. Rose se détend immédiatement, se blottit contre sa maman, ferme les yeux et s'endort.

Au départ, on voit bien que le bébé est parfaitement capable de se distraire avec ses jouets, mais quand Rose se sent mal à l'aise, sa mère réagit en proposant toujours plus de jouets et d'activités diverses. Même l'ami qui passe y met du sien. Ce n'est qu'à la fin que Rose obtient ce qu'elle souhaite depuis un moment : un câlin. Entre-temps, plusieurs activités et stimulations ont été offertes comme solution, plutôt que d'attendre et d'observer Rose pour comprendre ce qu'elle souhaitait.

Le cas est fréquent. Nous nous sentons tous désarmés devant les larmes ou les cris et voulons en général «trouver la solution» qui les fera cesser.

Répondre par l'action à l'inconfort, c'est faire croire au bébé que seule l'activité peut apporter un réconfort. Quel est le message porté par cette dynamique ? Cela peut signifier : «Je ne supporte pas de t'entendre pleurer. Faisons tout de suite quelque chose pour que cela cesse». L'inconfort de la mère est sans doute comparable à celui du bébé et ceci va encore augmenter la gêne ressentie par l'enfant. Au lieu d'avoir près de lui une personne qui le réconforte, le bébé risque fort d'ajouter le stress de sa mère au sien. Une réponse utile aux pleurs de bébé serait : « Ne t'inquiète pas. Tout va bien. Tu as seulement sommeil (ou faim, ou besoin d'un câlin...).» Voilà qui nous aiderait à prendre le temps de comprendre ce que bébé ressent et ce qui peut le réconforter.

En optant pour une réponse active, vous pouvez aussi transmettre le message suivant : «Allons, pensons à autre chose qu'à ce qui te tracasse !». Bien sûr, une diversion peut être utile de temps en temps, mais si elle est systématique, elle fait croire que la manifestation d'une plainte est inacceptable et même insupportable. En ce qui concerne le bébé, un petit gémissement, un cri ou juste un besoin de s'exprimer peut prendre des proportions importantes et devenir un malaise qu'il faut apaiser. Couper court à la plainte, c'est conduire l'enfant à penser qu'exprimer son malaise est intolérable et qu'il doit gérer seul son problème. Quand nous sommes de mauvaise humeur, nous trouvons normal de pouvoir l'exprimer. Les parents doivent accepter que bébé soit grognon et répondre avec sympathie : « Oui, je sais que tu es triste. Ça nous arrive à nous aussi. Ne t'en fais pas : tout s'arrangera...».

En s'occupant de la mauvaise humeur de son bébé, la maman ne résout pas simplement un problème isolé : elle enseigne aussi une manière générale de gérer les difficultés. En tolérant son malaise, la maman lui montre que ses sentiments sont acceptables et que, bien qu'ils se sentent un peu mal tous les deux, les choses vont s'arranger. Elle renforce l'idée que se sentir mal dans sa peau n'est pas la fin du monde, c'est simplement une émotion qui peut être surmontée. Ceci développera chez le bébé la confiance en soi et en son entourage.

Si, très tôt déjà, l'activité est fournie comme remède principal à l'inconfort, le bébé adopte ce modèle, comme on le voit dans les situations qui suivent.

> Loïc, dix mois, arrive depuis peu à se déplacer en se tenant aux meubles. Avec de l'aide, il tient debout sur ses jambes. Il adore faire le tour du salon en appelant sa mère chaque fois qu'il veut franchir l'espace entre deux chaises, car il ne veut pas marcher à quatre pattes. Il pousse des cris perçants en parcourant la pièce et hurle pour réclamer l'aide de sa mère qui accourt. Et cela dure... Elle finit par se lasser, mais elle ne supporte pas les cris du bébé et s'inquiète de l'état de surexcitation dans lequel l'enfant se trouve. Loïc ne reste pas tranquille une minute, et même l'asseoir pour le repas devient problématique.
>
> A sept mois, Céline aime s'asseoir sur son tapis parmi ses nombreux jouets. Elle bouge peu : elle préfère grogner

pour que maman vienne lui donner le jouet qu'elle montre du doigt. Sa mère passe des heures chaque jour à jouer avec la petite. Céline demande un jouet après l'autre en se faisant comprendre au moyen de gestes et de grognements. Si maman est au téléphone ou à ses fourneaux, Céline se roule sur le sol en poussant des cris jusqu'au retour de sa mère. Celle-ci ne sait plus que faire. Elle apprécie que l'enfant manifeste tant d'intérêt pour le jeu mais elle déplore devoir être présente à chaque instant. Elle regrette aussi que Céline ne soit heureuse qu'en étant active.

Quand l'activité est le remède systématique à un malaise, le bébé devient souvent survolté, tandis que la maman s'épuise à la tâche, tout en ayant le sentiment d'être prise au piège. Le bébé devient fort dépendant de cet échange continuel et supporte mal de rester seul. Il est angoissé quand il doit s'occuper et s'amuser seul. Il ne s'agit pas du manque d'autonomie propre à la petite enfance, mais d'une dépendance presque maladive par rapport à la mère et à l'activité. Le bébé agit comme s'il était perdu sans sa mère. La mère et l'enfant se trouvent entraînés dans un cercle infernal d'excitation qui les rend tous deux malheureux. Comme c'était déjà le cas pour la nourriture, tout espace vide devient intolérable. Ceci entraîne des comportements automatiques, compulsifs. Si nous répondons à chaque appel en offrant habituellement un objet ou une activité qui nous sont familiers, cela ne laisse aucune place à la découverte, à la curiosité ou à la créativité et cela crée une ambiance tendue où il est difficile de rétablir un climat paisible.

Ceci peut se répercuter plus tard dans le syndrome «je m'ennuie» qui affole les parents. Un cycle s'établit et l'enfant ne sait pas comment explorer, être attentif et sensé, au lieu d'agir sans réfléchir, de foncer tête baissée, ce qui va inhiber sa capacité de jouer et d'apprendre.

A mesure qu'un enfant se développe, il tirera de plus en plus de satisfaction à atteindre des objectifs sans l'aide d'autrui. Nous avons tous assisté au bonheur d'un enfant qui découvre le son qu'il peut produire en entrechoquant deux objets, ou qui arrive à saisir un jouet éloigné. Je me souviens avec un énorme plaisir du bonheur exprimé par ma fille réussissant, après des efforts incessants, à se tenir debout. Pour un enfant, apprendre et réussir tout seul, développe la confiance en soi. A l'inverse, s'il ne doit faire aucun effort, il ne prendra peut-être jamais son élan et risque de perdre toute motivation.

La séparation

La sensation d'être un être distinct est importante pour le bébé, mais le processus de la séparation peut être difficile à vivre tant pour les parents que pour le petit enfant. Notre vie compte beaucoup de moments de séparation et certains disent que le premier est le moment de la naissance et de la coupure du cordon ombilical lorsque, pour la première fois, le nouveau-né doit puiser dans ses ressources propres pour se mettre à respirer. Le début et la fin de toute activité – un repas, une sieste, etc. – sont une rencontre et une séparation.

Le coucher

Il y a des bébés que l'on berce, d'autres que l'on promène ou que l'on sort en voiture pour les endormir. L'attitude des parents et la personnalité du bébé sont toutes deux significatives. Si bébé est sensible au bruit, s'il a le sommeil léger, vous aurez tendance à marcher sur la pointe des pieds, spécialement quand il dort. Une des tâches des parents – nous l'avons vu – est d'amener le bébé à gérer ses émotions; une autre est de lui donner une vision du monde. Si une mère est angoissée à l'idée de déranger ou d'éveiller le bébé, elle renforcera son hypersensibilité. D'ailleurs, elle ne pourra pas toujours adapter son monde aux souhaits de bébé. Bien sûr, il ne s'agit pas d'assourdir le bébé par un vacarme tonitruant, mais bien d'admettre que le petit enfant doit, lui aussi, s'adapter à une dose raisonnable de mouvement et de bruit.

Quand bébé s'endort, il s'efface du monde des éveillés. Il s'abandonne, et la notion d'abandon joue un rôle dans notre approche du sommeil. Beaucoup de parents, surtout les premiers jours, vont s'assurer régulièrement que le petit dormeur respire encore. Le sommeil et la mort sont associés non seulement en littérature, mais aussi dans notre inconscient. On dit par exemple qu'il a fallu «endormir» le vieux chien malade, et on parle de «sommeil éternel» (ce qui est à proscrire pour expliquer la mort aux enfants !).

Le sommeil nous isole, nous rend inaccessibles. Allons-nous nous réveiller ? Allons-nous, à notre réveil, retrouver ceux que nous aimons ? Notre approche de l'endormissement du bébé peut être influencée par le souvenir de nos propres craintes, ou par le fait que nous le ressentons comme une séparation et que nous voulons prolonger l'heureux moment de réunion après une journée de travail, ou encore par la crainte de la solitude. De notre approche dépend la manière dont nous présenterons la sieste au bébé. Mieux vaut lui montrer le sommeil comme l'entrée dans un monde paisible, comme une parenthèse sécurisante dans la journée. L'instauration d'une sorte de rite pour s'endormir et s'éveiller peut aider le bébé à intégrer ce moment dans son expérience quotidienne.

Tania est la jeune mère d'un premier enfant. Son compagnon est souvent absent pour raisons professionnelles. Elle n'a pas de famille dans le quartier mais elle a beaucoup d'amis. Elle est très occupée. Elle est folle de sa petite Sonia, âgée de neuf mois, dont elle s'occupe toute la journée. Le bébé est gai, actif, sociable et décontracté. Cependant, les nuits sont difficiles. Sonia s'endort en prenant le sein, mais elle s'éveille et commence à pleurer aussitôt qu'on la dépose dans son berceau. Elle a l'habitude de s'endormir dans les bras de sa mère. Celle-ci se dit que Sonia doit avoir une bonne raison de pleurer. La boucle s'installe : on nourrit bébé qui s'endort dans les bras où elle reste jusqu'à ce qu'elle s'éveille quelques heures plus tard pour un autre repas, etc. Cela dure depuis des mois, alors que Sonia n'a plus besoin d'être nourrie la nuit. Tania ne voit pas de solution. Une amie, qui comprend que Sonia et sa mère sont épuisées, vient loger chez elles pendant quelques jours pour aider Tania en l'absence de son compagnon. Elle aide Tania à coucher la petite fille et à supporter de la laisser pleurer jusqu'à ce qu'elle s'endorme. La première fois, cela dure une heure puis, chaque jour, un peu moins longtemps. Le cinquième soir, Sonia s'endort toute seule en quelques minutes.

Deux aspects ont été déterminants. D'une part, Tania a compris qu'elle-même et Sonia étaient épuisées par cette situation. Le bébé, généralement enjoué, devenait irritable dès six heures du soir. Tania se résolut à changer d'attitude quand elle réalisa que, pour toutes les deux, il valait mieux accepter que bébé pleure durant un temps seul dans son berçeau. D'autre part, Tania et le père de Sonia n'arrivant pas à régler le problème, l'aide de l'amie a été essentielle. Le père étant lui-même fatigué et souvent absent, la mère devait assumer seule. L'amie put réconforter Tania en lui tenant compagnie pendant qu'elle aussi pleurait dans la chambre voisine, en lui assurant que le cri du bébé n'était pas désespéré. Tania fut surprise de constater qu'au matin, à son réveil, Sonia était de bonne humeur et ne montrait aucun signe de rancune.

On comprend bien que Tania, sans compagnon ni famille, hésite à se séparer de l'enfant qu'elle aime. De plus, elle ne veut pas infliger à son bébé ce qu'elle perçoit comme une séparation douloureuse. Cependant, du point de vue du bébé, plus la séparation pèse à sa mère, moins Sonia peut la supporter. Toutes deux ont finalement survécu à cette limite drastique grâce à leur bonne entente : toutes deux y ont gagné en confiance réciproque et ont eu moins besoin de contacts continus.

Le bébé, qui a de la compagnie pour s'endormir, peut être angoissé à l'idée de s'éveiller seul. Incapable de s'endormir seul, il ne maîtrise pas le processus de séparation et il craint de se rendormir. Le bébé dans son couffin se crée des stratagèmes pour s'endormir seul et peut apprécier ce moment, comme Michel appréciait le moment du réveil dans un exemple précédent.

Le sommeil n'est pas un temps mort. Pendant que bébé dort, ses ressources intérieures se développent et ses émotions et sensations restent en éveil. L'observateur est toujours surpris de voir combien de choses se passent tandis que bébé dort.

> Juliette, treize semaines, dort sur le dos, la tête légèrement tournée vers la droite. Pendant cinq minutes, elle demeure immobile. Soudain ses lèvres remuent, signe avant-coureur d'une vague d'activités. Juliette relève les genoux. Elle se passe les mains sur le visage et les oreilles, agrippant parfois sa tête. Elle gigote. Parfois, elle fait la grimace et semble vouloir s'éveiller ou crier. Elle se tient la tête à deux mains, et je pense au *Cri,* le tableau de Munch. Le visage se détend. Un peu plus tard, elle gigote encore en émettant de petites plaintes. Elle passe la main sur son visage et commence à sucer son pouce, mais pas pour longtemps. Elle gesticule à plusieurs reprises. D'un geste plus assuré, elle remet son pouce en bouche. Et elle se calme en suçant son pouce.

On a pu voir comment la petite Juliette réagissait à tout ce qui peuplait son sommeil et comment elle s'est ingéniée à rester endormie. Intervenir au premier pépiement aurait été dommage. En disant «non» à notre élan, nous créons un espace où bébé peut grandir.

Le sevrage

Le sevrage est une autre forme de séparation.

> José (22 semaines) est nourri au sein. Elise, sa mère, qui retournera travailler sous peu, veut le sevrer.
> José a la bougeotte. Il rouspète. Va-t-il pleurer ? Elise nous parle des repas quotidiens de José et du sevrage.

Aujourd'hui, elle a prévu de lui donner du jus de fruits frais. Elle prend le bébé sur les genoux. Mais José fait la moue, pleure et se tortille. Elle essaie de lui parler, tandis qu'il pleure et bave. La maman approche le biberon de jus de fruits, José prend la tétine en bouche, boit une gorgée et, de la langue, repousse la tétine. Les yeux fermés, le visage rouge, il crie plus fort. Elise s'énerve un peu, tente de le calmer, puis de le distraire. Elle lui offre du jus à boire, un doigt à mordiller, un jouet, un hochet... En vain. Le bébé refuse également la sucette. Embarrassée, Elise se lève, tenant dans ses bras l'enfant en larmes. «Arrête, s'il te plaît», murmure-t-elle plusieurs fois. José pleure de plus belle. «Dernier recours», annonce la maman, ennuyée mais à bout de ressources, en présentant un sein au bébé, ce qui calme le petit. Il ferme les yeux après quelques secondes et s'endort, tout en tétant distraitement. «Me prends-tu pour ta sucette ?», dit Elise. Deux minutes plus tard, la maman écarte le bébé et lui glisse la sucette dans la bouche. Cette fois, José renonce à pleurer, accepte la sucette et se rendort, calmé.

Elise a vécu une belle intimité avec son fils, mais elle doit préparer maintenant son retour au travail. Le repas est important pour tous les deux; ce n'est pas seulement José qui vit mal le sevrage. Elise est déchirée entre deux envies contradictoires : aider José à assumer la séparation qu'est le sevrage, et donner le sein quelques dernières fois encore en savourant ce moment. Peut-être que ni la mère ni son fils ne se sentent prêts pour la séparation, alors qu'Elise sent bien que le temps presse. Et le tout s'accompagne, pour la maman, d'un sentiment de culpabilité qui, selon mon expérience, empêche souvent d'appréhender clairement les choses. Nous voyons ici aussi le scénario courant du bébé qui, angoissé, n'accepte pas que l'on substitue quoi que ce soit au sein maternel. Le refus de la maman d'être utilisée comme sucette, montre bien qu'elle estime le temps du lait maternel révolu et qu'elle tient la sucette pour un réconfort suffisant. S'agissant de «substitution», elle se demande aussi si José se contentera d'une nounou quelques heures par jour. Le sevrage, on le voit, est une lutte et lorsqu'Elise est découragée, elle prend la solution de redonner le sein. Sa propre peur du sevrage et de la séparation s'additionne aux refus du bébé. Peut-être s'ajoute-t-il aussi à cela un sentiment de fierté chez Elise : c'est maman et le lait de maman que bébé préfère ! L'épisode du jus de fruits se termine cependant par une tentative réussie : José accepte un réconfort de substitution.

Toujours accéder aux demandes de bébé, c'est admettre que son choix est le meilleur. Ici, cela signifierait : «Tu as raison : rien ne vaut le sein. Le jus de fruits, c'était pour te faire marcher.» Le jus de fruits est un goût nouveau pour le nourrisson qui se montre tout naturellement réticent. Intéresser bébé au jus de fruits, s'inscrit dans une démarche plus générale : c'est l'ouvrir aux expériences, aux odeurs, aux goûts nouveaux; c'est lui montrer qu'il n'y a pas que ce qu'il connaît qui est bon. La psychanalyste Mélanie Klein a souligné que le sevrage n'est pas seulement un renoncement, mais que c'est aussi l'ouverture à la création de nouveaux liens. Il s'agit de renoncer à des choses qui semblent irremplaçables : la chaleur, le bien-être, l'intimité. En revanche, il s'agit aussi de s'ouvrir au monde et à la découverte.

Apparaissent en même temps les rivalités. Mon bébé va-t-il aimer des nourritures préparées par d'autres ? Ne va-t-il pas préférer la compagnie de la nounou à la mienne ? Le sevrage éveille ces réactions négatives, mais il permet aussi une étonnante ouverture. La maman pourra voir maintenant son bébé développer sa propre personnalité et établir des relations avec d'autres personnes. De plus, en retrouvant plus de liberté, elle connaîtra un nouvel épanouissement physique et mental.

Pourquoi est-ce difficile de dire non ?

Notre manière de réagir aux protestations de bébé est souvent influencée par nos propres réactions, lorsque nous n'obtenons pas ce que nous voulons, et par notre manière de réagir aux protestations, à la colère, à la déception ou à l'obstination d'autrui.

Les pleurs

Après une naissance, les mamans, mais aussi les papas, peuvent éprouver des sensations dont ils ne soupçonnaient pas l'existence. Ils doivent se redéfinir et assumer un nouveau rôle. Des souvenirs d'enfance leur reviennent à l'esprit. Ils avaient imaginé ce que serait leur rôle de parents, comment serait leur enfant, le caractère qu'il aurait et la plupart ont du mal à supporter les pleurs et les cris du bébé. Les parents se sentent désemparés, entourent le bébé et cherchent la solution qui permettra de lui donner satisfaction. Le résultat fait que se retrouvent dans la chambre deux ou trois personnes en détresse au lieu d'une. Dans ce genre de situation, il faut que les parents prennent du recul en dissociant leurs sensations de celles du bébé. Ils doivent trouver eux-mêmes une solution sans chercher que le bébé la leur offre. Leur interprétation des pleurs du bébé donnera un sens à son chagrin, ce qui l'aidera à gérer ses émotions.

Pleurer est un moyen efficace de communiquer. On sait que les parents reconnaissent les pleurs de leur enfant parmi d'autres dès le troisième jour et, au bout de la deuxième semaine, ils peuvent distinguer chez leur enfant plusieurs sortes de pleurs. Parfois, ils saisissent d'emblée le sens des pleurs du bébé, parfois c'est plus difficile. Les parents doivent se laisser atteindre par les pleurs, les «ressentir» pour mieux les comprendre avant d'y répondre. Les choses se compliquent devant certains pleurs, et nos réactions deviennent physiologiques : nous subissons une décharge d'adrénaline ou un accès d'hypertension.

L'expérience conditionne nos réactions. Voici quelques exemples de questions qui nous viennent à l'esprit quand bébé pleure :

1. - Les pleurs semblent-ils réprobateurs ? En tant que maman, vous pouvez être vexée en pensant que bébé n'apprécie pas du tout les soins que vous lui prodiguez. Trouvez-vous là un

écho à la manière dont votre mari vous traite parfois ? Votre fils est «comme son père». La tentation de renoncer à bien faire, de rentrer dans votre coquille ou de vous fâcher, s'installe.

2. - Les cris vous rappellent peut-être les exigences et l'obstination de votre petite sœur, qui n'avait qu'à hurler pour obtenir ce qu'elle voulait. Vous réagirez sans doute avec humeur si vous associez le bébé et la petite sœur. Posez-vous la question : contre qui, au juste, mes réactions s'orientent-elles ?

3. - Bébé est très en colère. Vous pensez avoir mal fait quelque chose. Vous vous sentez coupable, mais de quoi ? Vous devenez hésitante, vous doutez de vous-même et l'inquiétude du bébé augmente.

4. - Bébé a l'air de souffrir et vous êtes désemparée. Vous imaginez le pire. Vous le voyez déjà à l'article de la mort. L'enfant lui-même peut se sentir perdu s'il souffre. Il a besoin que vous vous calmiez et que vous preniez le temps de voir ce qui ne va pas. Si vous êtes envahie par sa détresse, votre panique ajoute à son angoisse.

5. - Bébé a l'air à la fois égaré et angoissé. Ceci vous désespère. Vous reconnaissez des sensations qui, enfant, vous torturaient. Vous retrouvez l'impression de solitude et d'égarement d'antan, et le cri est moins celui de bébé que le vôtre.

L'exemple suivant illustre la manière dont les émotions d'une mère peuvent se mêler aux pleurs de bébé. Pendant qu'elle le nourrissait, la maman avait évoqué son accouchement long et traumatisant tant pour elle que pour le bébé.

> Jeanne (2 semaines) est agitée et se met à crier, gémir et renifler. Sa maman la prend dans ses bras et, tout en lui parlant, la berce en la secouant légèrement. Le mouvement devient de plus en plus rude. Le nourrisson rouspète en grimaçant. Tout cela me paraît déplacé et je me sens mal à l'aise. Je me dis que c'est trop et j'ai envie de bercer tendrement le bébé. Je me demande qui on cherche à réconforter du bébé ou de la maman ?

Il est clair qu'ici la mère supporte mal les pleurs du bébé. En berçant la petite fille, elle cherche à chasser tant sa gêne que celle du bébé. Elle veut se libérer du souvenir de l'accouchement.

Nos réactions aux pleurs de bébé influencent la manière dont il gère ses émotions. Si nous paniquons, nous renforçons son angoisse. Si nous faisons la sourde oreille, il se sentira impuissant et désespéré. Il renoncera peut-être à protester et se repliera sur lui-même. Essayons de découvrir la signification des pleurs et de l'aider autant que possible. Parfois, en tâtonnant, nous trouvons ce dont bébé a besoin : de la nourriture, un câlin, des couches propres, une couverture... Parfois, bébé a besoin de trouver lui-même la solution à ses problèmes et nous devons dire «non» à notre envie d'intervenir.

Citons le pédiatre américain, T. Berry Brazelton : «*Lorsque bébé a les nerfs à fleur de peau, les interventions incessantes et angoissées des parents peuvent annihiler l'aptitude du bébé à gérer les stimuli, ce qui peut provoquer des coliques... Intervenir tout le temps peut perturber les schémas d'autoréconfort de l'enfant... Le bébé a besoin, pendant de courts moments, de pouvoir pleurer tout son soûl et les parents ont tendance à en faire trop pour essayer de le calmer.*»

Nous savons que l'enfant a besoin d'un espace, d'un temps pour chercher seul ce dont il a besoin. Il n'est pas toujours facile pour les parents de ne pas intervenir et de laisser faire bébé. Les parents doivent alors penser à gérer leur propre malaise plutôt que celui de bébé.

Démêler les sentiments

Démêler les sentiments est souvent l'objet des séances de psychothérapie. J'ai vécu le cas suivant alors que je travaillais comme psychothérapeute dans le service pédiatrique d'un hôpital. La petite Laura, âgée de quatorze mois, était en dessous de son poids normal, sans raison médicale apparente. Elle était pâle et sans énergie.

> Camille est inquiète car son bébé ne se développe pas bien. Elle est aussi fatiguée, car elle donne souvent le sein, en particulier la nuit. Pendant notre conversation, je remarque que Camille et Laura sont très proches physiquement : la maman, attentive à la moindre plainte, tente de garder la petite sur ses genoux et la caresse. Camille parle de l'éloignement de sa famille, installée à l'étranger, de ce qui a changé dans la vie du couple depuis la naissance, de son mari qui lui reproche d'être moins disponible. Le mari travaille beaucoup, mais n'aide pas aux travaux ménagers. Il regrette leur intimité et leur vie sexuelle d'avant, et ne comprend pas que sa femme a besoin de repos et de soutien. Quand Camille a les larmes aux yeux, Laura se blottit contre la poitrine de sa mère, qui la serre plus fort dans ses bras. Je lui fais remarquer ceci, puis nous parlons de l'absence de sa propre mère et de son besoin d'être «nourrie» de bonnes choses afin de pouvoir être forte pour Laura.

Au cours de nos séances, Camille a rapidement établi le lien entre ses sentiments et son propre besoin d'être réconfortée, câlinée et nourrie émotionnellement. Nous avons remarqué ensemble que Laura répondait par des caresses et des câlins lorsque sa mère exprimait sa souffrance et sa solitude. Nous avons aussi constaté que Camille se sentait moins seule lorsqu'elle serrait Laura dans ses bras. L'intimité de la tétée lui donnait aussi l'impression d'un rapport profond avec quelqu'un.

Dès que Camille parvint à dissocier ses besoins de ceux de sa fille, Laura progressa rapidement. Auparavant, bien que sa maman la nourrissait constamment, l'enfant ne se sentait jamais repue. Les besoins émotionnels inconscients de Camille épuisaient les ressources de son enfant. La tétée servait à réconforter la mère mais coûtait cher au bébé.

Trier les besoins et les émotions de chacun aide à y voir plus clair et à trouver une solution. Ceci peut être acquis par un travail très bref. J'ai vu Laura et sa maman à deux reprises et, plus tard, j'ai appris par le pédiatre que le progrès a été constant. Je crois vraiment qu'il est important d'intervenir rapidement pour aider les parents à cette période sensible de leur vie. Un schéma se corrige facilement avant qu'il ne soit devenu une routine.

Nous avons vu que, surtout les premiers jours, la jeune maman retrouve les sensations et besoins de sa propre vie de bébé, et l'aide de sa mère pour la soutenir et la confirmer dans son nouveau rôle de jeune maman lui serait fort utile. Beaucoup de cultures possèdent des rites qui accompagnent la jeune mère en la maternant, ce qui évite les problèmes de surmenage liés à cette période.

Les fantômes de la nursery

Il nous arrive à tous de tenir des conversations intérieures avec nos parents, une sœur, une amie, un professeur, etc. Parfois, cela aide à nous déstresser. De même remonte du fond de notre mémoire, un geste qui savait calmer nos détresses enfantines et – consciemment ou non – nous reproduisons ce même geste pour apaiser notre bébé.

Parfois, ces influences sont tout à fait inconscientes et pas toujours positives. Selma Fraiberg, psychanalyste américaine, dit en substance : Dans chaque chambre d'enfants, il y a des fantômes. Ce sont les visiteurs indésirables sortis du passé refoulé des parents. Quand tout va bien, ces esprits inamicaux sont bannis de la nursery et, comme dans les contes de fées, l'amour des parents neutralise l'influence de ces fantômes malveillants...

> Hubert a du mal à s'adapter à son nouveau rôle de père. Sa femme passe moins de temps avec lui et il envie l'intimité qu'elle partage avec le nouveau-né. Bien qu'il se sente coupable, ce sentiment est plus fort que lui. Il rechigne à s'occuper du bébé, ce qui provoque des frictions dans le

couple et, bientôt, de l'agacement vis-à-vis du petit garçon. La spirale des mauvais sentiments se met en place.

Quand les parents sont venus me voir, Hubert n'a pas caché qu'il était jaloux de son fils. Il accusait sa femme : « Tu fais tout pour lui, et tu fais comme si tu ne me voyais pas.» Il était fâché de devoir faire des corvées à cause d'un enfant qui n'en était pas moins ingrat pour autant. Sa femme, sur la défensive, essayait de se justifier en expliquant que le bébé avait davantage besoin d'elle que son mari. C'était frappant : elle s'adressait au mari comme à un enfant rival du bébé plutôt qu'au père. Le mari aussi s'exprimait de manière puérile. Au cours de la conversation que nous avons eue par la suite, Hubert s'est souvenu qu'il avait été fort jaloux de son petit frère et très difficile avec sa mère. Ceci étant exprimé, ils furent tous deux beaucoup plus attentifs à ne pas retomber dans les schémas du passé. Hubert apprit à reconnaître dans quelles circonstances son jeune frère se substituait à son fils. La maman résista à la tentation de traiter son mari comme un enfant. Ce n'était pas encore la guérison, mais le couple apprenait à distinguer le présent du passé.

Justine trouve sa fille Marie (4 mois) difficile et exigeante. Il arrive fréquemment que le bébé pleure pendant des heures, et la maman se sent alors impuissante. Justine, au bord des larmes, explique combien elle fait son possible, mais que Marie ne semble jamais contente. Je fais remarquer que cela semble la tourmenter très fort. Elle acquiesce et dit qu'elle ressent cela depuis toujours : malgré ses efforts, elle n'a jamais pu satisfaire sa mère, qui attendait toujours plus.

Nous avons pu comprendre que les pleurs de Marie étaient comme l'écho des expériences de Justine enfant. Justine retrouvait en Marie les exigences de sa propre mère, ce qui la poussait à multiplier les attentions en guettant les manifestations de satisfaction. Elle voulait lire dans les yeux de Marie qu'elle était une bonne mère. Ceci accablait le bébé, qui se mettait à pleurer. Enfin, les choses s'arrangèrent quand Justine put voir dans les cris de sa fille une demande plutôt qu'un blâme.

Le deuil

Parfois, les «fantômes de la nursery» se réfèrent véritablement à des décès. Une mère que j'ai rencontrée, Odile, n'acceptait pas de se séparer de son bébé, Alain, et encore moins de laisser quelqu'un d'autre s'occuper de lui. Elle avait aussi beaucoup de mal à lui dire «non». Lors de notre première entrevue, elle pleurait en racontant que son premier enfant était mort à l'âge de trois semaines. Elle avait même envisagé de donner à ce petit garçon-ci – un remplaçant, en somme – le prénom de l'autre. Le souhait de «remplacer» est courant, même après une fausse couche. En regardant Alain, il lui arrivait de voir Julien, le petit garçon mort. Le besoin de surprotéger ce bébé, pourtant robuste, était bien compréhensible. En analysant calmement la situation, nous avons commencé par faire en sorte qu'Odile apprenne à considérer Alain comme un être distinct, avec ses besoins propres. Odile comprit alors que voir Julien à travers Alain, donnait le résultat inverse de celui qu'elle espérait. En effet, Alain grandissait en ne voyant pas dans les yeux de sa mère l'image de l'enfant robuste qu'il était, mais celle d'un enfant fragile. Cette manière de protéger Alain le rendait vulnérable. Notre travail a surtout consisté à observer Alain pour découvrir sa personnalité. Considérer Alain comme une personne à part entière et recentrer l'attention sur lui. L'enfant vivant est devenu plus réel pour Odile, ce qui lui a aussi permis d'accepter la perte de Julien. Alain serait toujours Alain et jamais plus Julien ! En abandonnant son rêve de remplacer Julien, Odile put finalement accepter son deuil. Libérée, elle trouva la force d'être plus exigeante avec son fils et de lui dire «non» si nécessaire, sans craindre de le voir accablé ou blessé. Et la nature robuste de l'enfant put s'épanouir.

Un cas différent est celui de Colette que j'ai rencontrée avant et après la mort de sa petite fille Annie. Nos entrevues ont continué au cours de la grossesse suivante de Colette et pendant quelques mois après la naissance d'une deuxième petite fille, Lucie. Bien qu'elle ait été gravement malade, Annie avait vécu sept mois, et Colette avait consacré tout son temps au bébé, passant ses journées à l'hôpital. Plus tard, quand elle fut de nouveau enceinte, Colette craignit de ne jamais pouvoir aimer le deuxième bébé autant qu'Annie. Peu après la naissance, elle se sentit incapable de répondre aux besoins de Lucie, et disait «non» à tout par facilité. Elle évitait de l'appeler par son nom : c'était simplement «le bébé», qu'elle décrivait comme une grosse petite empotée gourmande et sans personnalité. Et elle rappelait combien la petite Annie était combative et déterminée. Pourquoi cet enfant-ci, née en bonne santé, aurait-elle ce que l'autre n'avait pas eu ? Donner à Lucie, n'était-ce pas trahir Annie ? De plus, en s'attachant à ce nouveau bébé, elle craignait de devoir revivre la tragédie passée. Pourtant, ses réactions vis-à-vis de Lucie la culpabilisaient. Nos entrevues lui ont permis d'exprimer ses sentiments, qu'elle qualifiait au demeurant d'inacceptables. Ceci lui permit d'admettre la différence entre Annie et Lucie. Elles avaient chacune leurs qualités propres. Elle comprit que faire une place à Lucie dans sa vie ne signifiait pas effacer Annie de son cœur. Nous avons vu qu'elle n'avait pas perdu cette précieuse capacité d'aimer et de soigner son bébé qu'elle avait pour Annie et qui n'était pas morte avec elle. Petit à petit, nous sommes arrivés à la possibilité pour elle d'aadmettre son deuil et, par la suite, d'accepter Lucie.

Quand il y a eu mort d'un bébé, le deuil et la douleur sont souvent ravivés au moment de la naissance suivante. Vivre en paix avec les fantômes des expériences douloureuses du passé n'est pas facile. Le courage et l'honnêteté de Colette méritent notre admiration.

Au-delà de la relation mère-bébé

LE PÈRE ET LES AUTRES

Durant la première année de sa vie, l'enfant a surtout des relations avec sa maman, mais le rôle du père reste important. Il introduit une relation d'un autre type. Nous avons vu que, parfois, les sentiments de la mère et de son bébé se confondent à un point tel qu'il arrive à la maman de se sentir aussi dépassée et désemparée que son enfant. C'est là que le père peut jouer un rôle important en aidant la mère à se démarquer, à redevenir elle-même et pas seulement un prolongement de son bébé. Il prendra le relais auprès de bébé et elle pourra souffler, se reposer et se réserver enfin un peu de temps.

Disons qu'au début, le père aide sa femme à aider le bébé. Il peut relayer sa femme pour dire «non» et décider si le bébé doit dormir dans son berceau et non dans leur lit. Il peut exprimer des opinions différentes pour aider la maman à faire des choix, par exemple quand il s'agit de sevrer le bébé. Bref, il a un rôle de garde-fou. (Bien sûr, dans certains couples, c'est le père qui a de la peine à fixer les limites. Ce qui compte, c'est qu'un point de vue alternatif vienne au secours d'une situation de saturation).

Le pédiatre T. Berry Brazelton a montré que les échanges père-bébé ne sont pas les mêmes que les échanges mère-bébé. Les pères ont tendance à être plus physiques, plus enjoués, et les bébés leur accordent la préférence pour les activités ludiques. Cela induit une attirance positive et un goût des relations sociales distinctes de la relation mère-enfant.

Dès que bébé commence à reconnaître ses parents, il établit des liens avec chacun d'eux en particulier. Dans la relation triangulaire bébé-mère-père, il arrivera que l'enfant se réfère aux deux parents, mais il comprendra bientôt que ceux-ci ont également une relation en dehors de lui. C'est alors que la relation privilégiée avec maman commencera à s'estomper au profit d'une ouverture au monde. Un bébé est naturellement égocentrique, mais il apprend lentement que le monde ne tourne pas exclusivement autour de lui et même qu'il peut tourner sans lui. Il entendra, par exemple, son père ou sa mère lui dire : « Attends, je parle avec maman/papa.» On apprend une chose importante quand on comprend que les autres ont des activités qui ne vous concernent pas.

Je parle du père comme de la troisième personne de la famille parce que son rôle est primordial. Bien sûr, il y a aussi la relation avec les frères et sœurs, mais au début, elle se fait généralement sous le contrôle d'un des parents. Et puis il y a les familles monoparentales, où le seul parent est généralement la mère. Je pense que, dans ce contexte-là, la présence d'une tierce personne adulte est indispensable. Un compagnon, un ami, ou même plusieurs peuvent remplir cette fonction.

La nounou

Le moment vient où il faut transférer ou partager la garde du bébé. C'est un jalon important. Tout ce qui précède reste d'application ici, car le changement implique les notions de séparation, de sevrage, de réaction aux protestations de bébé et de fixation des limites.

Choisir quelqu'un pour garder bébé peut être angoissant. Faut-il quelqu'un qui vous ressemble ? Si oui, les différences ne sembleront-elles pas d'autant plus gênantes ? Faut-il choisir une fille jeune que vous pouvez «former» ? Mais sera-t-elle suffisamment responsable ? Préférerez-vous une mamie à l'image rassurante ? Comment lui dire ce que vous attendez d'elle ? Vos sentiments envers la nounou seront partagés. Ils seront faits d'un mélange de gratitude, de jalousie, de soulagement, de concurrence et de coopération. En tous cas, pour le bien de l'enfant, essayez de vivre en bonne entente avec la nounou tout en restant proche de votre bébé.

Parfois les mères ont le sentiment de perdre leur bébé au moment de retourner travailler. Le soir, elles retrouvent un petit inconnu qu'elles n'ont pas vu vivre pendant toutes ces heures. Si bébé se montre difficile, elles peuvent croire qu'il a changé ou que la nounou ne convient pas. Assurez-vous alors que la communication passe bien entre la nounou et vous. Brazelton a observé des bébés de quatre mois confiés à une garde pendant huit heures par jour. L'environnement était de qualité. Les bébés avaient tendance à suivre un horaire stable de sommeil et de veille, et la relation bébés-personnel soignant n'était pas très intime. L'enfant, qui retrouvait ses parents le soir, semblait épuisé, nerveux et pleurnicheur. Le personnel disait qu'il n'avait pas du tout cette attitude pendant la journée. Brazelton en a conclu que le bébé garde ses sentiments profonds pour les personnes qui comptent vraiment pour lui. Somme toute, c'est un bon signe : si le bébé se plaint de la séparation, c'est qu'il vous aime; ce qui importe le plus est de s'en remettre.

Gardez-vous de conclure trop vite qu'il est mal soigné ou qu'il ne vous aime plus. L'enfant qui pleure en vous retrouvant, peut éveiller en vous un sentiment de culpabilité qui vous empêchera de voir les choses sereinement. Vous pourriez penser : «Comme il a été malheureux ! Je n'aurais pas dû le laisser. Il ne me le pardonnera pas.» Et vous vous prenez pour une mère indigne. Le bébé pourrait ressentir ceci et réagir en se fermant. Mieux vaudrait, après vous être assurée qu'il n'y a rien à reprocher à la nounou, prendre bébé dans vos bras et le tranquilliser : «Ne t'en fais pas, je suis là. Toi aussi, tu m'as manqué. C'est vrai que la journée a été longue, mais nous sommes ensemble maintenant.»

Ne blâmez pas trop vite la nounou si bébé revient de mauvaise humeur ou si son comportement change. Cherchez plutôt quel est le problème à l'origine de ce changement et essayez d'y remédier. Si vous vous méfiez de la personne à qui vous confiez l'enfant, celui-ci sera inquiet et trouvera la séparation plus pénible.

C'est le bien de bébé qu'il faut chercher. Tout en essayant de l'apaiser, laissez-le quand même exprimer sa mauvaise humeur. Si vous ne l'autorisez pas à extérioriser ses émotions et que vous ne l'aidez pas à les gérer, il risque fort d'adopter une attitude défensive et intransigeante et ceci nuirait à son épanouissement.

Nous aussi, nous devons apprendre la flexibilité. Nous pourrions être tentés de prendre quelque peu nos distances par rapport à l'enfant pour que son absence nous soit moins pénible, mais nous devons apprendre à supporter les moments de séparation et à apprécier pleinement ceux des retrouvailles.

Il faut admettre que notre manière de prendre soin de bébé n'est pas la seule valable. Disons «non» à l'envie de contrôler tout ce qui lui arrive en notre absence. Il est important, certes, d'expliquer à la nounou les règles et les limites que vous entendez voir respectées, mais ensuite, il faut pouvoir passer la main en toute confiance. Rappelons-nous que l'approche d'un bébé doit être franche et sincère. Le bébé qui ne parle pas encore est très sensible aux émotions, aux regards, au ton d'une voix. La manière dont la nounou communique avec l'enfant, dont elle répond à ses signaux, à ses protestations, tout cela importe plus que de savoir si elle place les limites exactement là où vous les placeriez. Le rôle de la nounou sera bien plus éducatif et sincère si elle peut faire à sa manière plutôt que si elle est contrainte d'adopter la vôtre.

Parfois, les parents n'ont pas beaucoup de choix pour la garde de l'enfant, mais si l'enfant demeure angoissé, replié sur lui-même, s'il ne mange et ne dort plus pendant une longue période, sachez que ce ne sont pas des réactions ordinaires à une séparation. Dans ce cas, il serait bon de trouver une solution alternative.

Soyons optimistes ! Vous aurez sans doute la chance de voir votre bébé s'épanouir auprès de sa nounou. Vous en serez soulagée et heureuse. Pourtant, il faudra en même temps – et cela n'est pas facile – renoncer à l'idée qu'il ne peut se passer de vous. Consolez-vous en vous disant, avec raison, que c'est grâce aux soins que vous lui avez prodigués et que vous continuez à lui prodiguer, que bébé a pu devenir sociable et plus indépendant.

En résumé

Un nouveau-né est un être compliqué, dès le départ, très proche de vous. Pour s'épanouir, il a besoin que vous soyez à son écoute. Les échanges, la réceptivité mutuelle comptent beaucoup. Un petit enfant peut facilement être submergé par ses sensations physiques comme par ses émotions. Il compte bien que vous soyez attentive, que vous compreniez ce qui lui arrive, et que vous dédramatisiez les problèmes. Grâce à votre interprétation de son comportement, il commence à comprendre qui il est; grâce à vous, il apprend comment les gens de son entourage gèrent leurs sentiments. Soyez réceptive et sensible, et votre bébé se sentira soutenu et guidé; il sera plus ouvert aux choses et au monde. Vos réponses et interprétations à son égard doivent être suffisamment bonnes. Etre confronté à des désaccords et pouvoir les surmonter est salutaire pour l'évolution du bébé. C'est donc à partir de cette base sécurisante que le bébé pourra s'accommoder des limites que vous lui imposez.

Dire «non» dans des circonstances variées, consiste surtout à marquer la distance entre un vœu ou un désir ardent et sa réalisation. Certains aspects de l'éducation tels que la séparation, le sevrage ou la réponse aux pleurs évoquent la question des limites. Dire ou s'entendre dire «non» est difficile pour tout le monde. De nombreux facteurs tels que nos antécédents, notre situation présente ou notre connaissance de nous-mêmes, interviennent. Si nous renonçons à fixer des limites, cela gênera le développement du petit enfant. J'ai voulu montrer combien dire «non» est parfois utile : cela laisse la place à la découverte d'autres événements. Vu sous cet angle, le «non» est moins une restriction qu'une invitation à la créativité.

2

De deux à cinq ans

Quand je t'offre des jouets multicolores, mon enfant, je comprends les couleurs des nuages, de l'eau et des fleurs, quand je t'offre des jouets multicolores, mon enfant.
Quand je chante pour te faire danser, je comprends la musique du vent dans les arbres et le chant que les vagues adressent à la terre, quand je chante pour te faire danser.
Quand j'offre des douceurs à tes lèvres gourmandes, je comprends pourquoi il y a du miel dans la corolle des fleurs et du nectar au cœur des fruits, quand j'offre des douceurs à tes lèvres gourmandes.

RABINDRANATH TAGORE, *When and Why.*

Le monde enchanté

Le jeune enfant qui pense qu'un lion se cache sous son lit ou que le tourbillon de la chasse d'eau va l'engloutir n'est pas fou. Il est même tout à fait normal. Dans son monde, la frontière entre le réel et l'imaginaire est floue. Ainsi, l'enfant se demande si les dragons et les sorcières existent vraiment, si on peut provoquer les événements simplement en les imaginant. Le jeune enfant est passionné et excessif. Il ne connaît que les extrêmes. Tout est noir et blanc. Les nuances n'existent pas.

Les fables et les contes populaires de toutes les cultures illustrent cette vision du monde. En général, les personnages sont exagérés et unidimensionnels. Le bon est entièrement bon et le mauvais totalement mauvais. Dans toutes les familles, s'il y a deux filles, l'une est jolie et l'autre laide. La mère est parfaite, la belle-mère est méchante. S'il y a deux frères, l'un est intelligent mais méchant, l'autre est stupide mais gentil et ainsi de suite. L'enfant adore entendre ces histoires, encore et encore. Il anticipe les passages effrayants ou excitants, il participe, il se fait peur, cherche le réconfort, s'identifie au héros et applaudit des deux mains quand tout est bien qui finit bien. Nous aimons tous ces histoires car elles sont le reflet de nos aspirations, de nos espoirs et de nos craintes. La recherche du grand amour qui peut tout vaincre *(La Belle et la Bête)*, le triomphe de la gentillesse sur la tyrannie *(Cendrillon),* etc., autant de fables morales qui nous incitent à poursuivre des objectifs positifs et nous laissent espérer que la bonté est forcément récompensée.

Bruno Bettelheim a écrit un livre fascinant *(Psychanalyse des contes de fées)* dans lequel il parle de l'importance des contes de fées. D'après lui, ils aident l'enfant à dépasser ses peurs et ses craintes. Souvenez-vous comme vous étiez captivé par les passages terrorisants des histoires que l'on vous racontait quand vous étiez petit et combien vous ne vous lassiez pas d'entendre ces passages. Dans ces fables, la morale de l'histoire est toujours d'une grande clarté. Mon père raconte souvent l'histoire de cette petite fille qui dit à sa maman combien l'histoire de Blanche-Neige lui fait peur. Lorsque la mère lui demande quelle partie l'effraye le plus, la petite fille répond : « A la fin, quand l'étranger enlève Blanche-Neige.» C'est nous qui décidons comment il faut comprendre l'histoire. C'est notre imaginaire et non la réalité qui nous guide et ce sont nos aspirations et nos peurs qui influencent notre interprétation. Que le prince charmant tombe instantanément amoureux de quelqu'un qu'il n'a jamais vu, ou que Blanche-Neige quitte tout ce qui lui est familier pour partir avec un étranger ne nous étonne nullement ! Le message que nous voulons faire passer à nos enfants n'est pas là. Ce que nous voulons leur dire, c'est que l'amour d'une personne peut vous délivrer des pièges d'une autre et vous sauver, quelles que soient les circonstances.

Et finalement, l'enfant grandit en pensant que ses parents sont comme les magiciens et les fées capables de tout arranger. Mais les peurs demeurent, malgré l'amour familial. Les monstres, les ogres et les sorcières sont toujours à l'affût. Souvent, des parents qui recherchent un environnement serein pour leur enfant, évitent de lui offrir des jeux violents. Ils sont d'autant plus surpris de le voir un jour jouer à la guerre ou se mettre à trembler à la vue d'un inoffensif petit lapin en peluche.

L'enfant qui vit dans un monde enchanté pense que tout est possible. Il est très terre-à-terre et prend tout au premier degré. Shad, mon neveu de trois ans, entendit un jour sa mère dire en regardant le ciel orageux : «Ça va tomber.» Le petit , qui adore être dehors, se précipita à l'intérieur de la maison et ne voulut plus en sortir. Quand on lui demanda pourquoi, il répondit : «Ça va tomber. Le ciel va tomber.» C'est pourquoi il est indispensable de parler clairement et simplement lorsqu'on s'adresse à un jeune enfant. Des menaces telles que : «Arrête tes grimaces… Si le vent tourne, tu vas rester comme ça», sont prises très au sérieux. Le fantastique paraît normal au jeune enfant, car son monde intérieur, le monde des pensées et des sentiments, est excessif. Lorsqu'un adulte dit : «J'étais si fâché que j'aurais été capable de le tuer», l'enfant le croit car il s'est lui aussi senti l'âme d'un assassin face à ceux qui l'ont contrarié.

A cet âge, l'imaginaire et la réalité sont intimement liés. La peur face à la colère des parents, la facilité avec laquelle ils peuvent se muer en monstres aux yeus des enfants, peut transformer un petit conflit en événement majeur.

Lorsque son père lui dit «non», Jacques réagit comme s'il était en face d'un géant : il est prêt à le tuer, exactement comme dans *Jack et le haricot géant.* Bernard est un gentil papa qui a du mal à dire non à son fils. Lorsqu'il y parvient, la réaction de Jacques est telle que Bernard a l'impression que son fils le voit comme le mauvais. Il essaie de raisonner son fils, mais ce dernier se met dans tous ses états et réagit comme si son père voulait le frapper, ce qui n'est encore jamais arrivé. Bernard dissimule sa colère, car il déteste l'image de lui-même qu'il voit dans les yeux de son fils, celle d'un père méchant et brutal. Ce qui a commencé comme une simple mise au point se transforme en crise majeure.

Jacques réagit face à ce qu'un «non» représente pour lui. Son monde est un conte de fées, peuplé de sorcières, de génies et d'ogres. Quand papa dit «non», il devient aussitôt un personnage puissant qui est l'ennemi de Jacques. Jacques aimerait sûrement être le géant capable de tenir tête à son papa. Par son attitude, l'enfant transforme son père en un être qui ne correspond pas du tout à la réalité. Cela énerve le père et, paradoxalement, le rend plus désagréable. Il est en droit de penser : «Comment Jacques ose-t-il me traiter comme si j'étais méchant ou comme si je voulais le frapper ?». A ce stade, il est fort possible qu'au lieu de réconforter son fils, le père va se fâcher, devenir comme le géant de l'histoire et prendre une grosse voix pour réprimander Jacques. A partir de ce moment, l'imaginaire de Jacques trouve un écho dans la réalité et les deux mondes se confondent.

Fixer des limites

Il est à la fois difficile et motivant pour les parents de stimuler la curiosité de l'enfant pour le monde extérieur et son engagement dans celui-ci, tout en l'encourageant à se conformer aux règles de la société. Le problème de «savoir dire non» se pose de façon évidente lorsque l'enfant commence à marcher. Un enfant qui devient mobile affronte de plus nombreux dangers et le problème de la discipline se pose de façon pressante. Dans la vie quotidienne d'un ménage où l'enfant commence à marcher, le «non» est sans doute le mot le plus souvent prononcé dans la journée !

C'est difficile pour l'enfant de se voir opposer un «non» et ses réactions peuvent être très variées. Tel enfant s'appropriera le «non» et le sortira comme une arme chaque fois qu'on lui demandera de faire quelque chose. Un autre se servira du mot pour s'identifier aux adultes. Quand ma fille Sushila avait deux ans, elle prenait assez mal le fait de s'entendre dire «non». Comme elle était relativement polie, elle ne protestait pas. Cependant, à tout ce que lui disait son cousin (14 ans), elle rétorquait d'une voix paternaliste et grave : «Non, Teshi, non», comme si c'était le plus déraisonnable des garçons. J'imagine que c'était sa manière de réagir aux refus qu'elle essuyait. Elle adoptait le rôle qu'elle pensait être celui de l'adulte en cherchant à rabaisser son cousin pour qu'il se sente comme elle-même se sentait face au «non» : bien jeune et penaude.

Le tout-petit est souvent impulsif. Selon le point de vue, il s'agit là de qualités ou de défauts. L'enfant qui, assis par terre dans la cuisine, martèle des casseroles à coups de cuiller peut être considéré comme un percussionniste en herbe qui a le rythme dans le sang, comme un futur génie scientifique étudiant les effets du choc de deux corps, ou comme le plus bruyant des affreux jojos qui casse tout et ne respecte rien... C'est selon ! L'image que nous aurons de lui dépend de beaucoup de facteurs, notamment, comme nous l'avons vu dans le premier chapitre, de l'image que nous avons de nous-mêmes et du monde. Et puis il y a les circonstances du moment : nos réactions seront différentes après une dure journée de travail ou le matin après une nuit paisible. Un autre facteur est notre manière d'accepter la vie que nous menons par rapport à la place que l'enfant y occupe. Une mère qui trouve des appuis autour d'elle verra plus facilement le côté comique des choses que cette autre qui est au bord de la crise de nerfs. Quelle qu'elle soit, notre réaction face au jeune enfant sera, de toute manière, de la communication.

Une mère et son enfant de deux ans sont au supermarché. Julien sourit à tout le monde en babillant. Soudain, il commence à s'agiter. La maman lui donne un bonbon pour le faire tenir tranquille. Un peu plus tard, il en redemande et cela agace sa mère qui estime que trop de bonbons est mauvais pour lui. Julien pleurniche, réclame des bonbons, et sa mère se fâche : « Ça suffit pour aujourd'hui.» L'enfant pleure, des clients observent. La maman est embarrassée. Elle en veut à son fils et aussi aux clients. Elle cède. Puis l'enfant exige d'autres choses et, se débattant dans le caddie, pleure pour rentrer à la maison. Sa mère lui redonne des bonbons, mais il n'en veut plus et les jette sur le sol en hurlant. La mère, furieuse, se met à crier.

Voilà, comme vu précédemment dans le chapitre sur les bébés, une situation typique de discordance. Dans un premier temps, le petit Julien est content de faire du shopping, mais bientôt il se lasse. Très vite, la comédie des bonbons tourne à la bataille plutôt qu'à une partie de plaisir. Par conséquent, la friandise ne le réconforte plus, elle a perdu sa raison d'être qui était de l'apaiser. Elle est devenue une monnaie d'échange, une chose qu'il extorque à sa mère, chantage renforcé par le regard désapprobateur des autres clients. La maman a des difficultés à s'en tenir aux limites qu'elle s'était fixées et cela l'irrite.

Il paraît évident qu'il n'y a pas ici qu'une seule histoire. Mais, lorsqu'on essaie d'aider une famille, bien souvent on n'entend qu'une version des faits ; la plupart du temps, celle de la mère. Il faut commencer par écouter: c'est important, pour celui qui veut aider, mais aussi pour les personnes concernées. Si un enfant devient difficile – il crie ou pleure –, considérons cela avant tout comme un message. Ici, cela signifie probablement que le shopping dure trop longtemps. Plusieurs possibilités s'ouvrent à la maman : elle peut continuer comme si de rien n'était, elle peut abréger les courses, essayer de rendre l'activité plus agréable, s'irriter de devoir changer ses plans ou organiser les prochaines courses en tenant mieux compte de son fils…

En creusant un peu, nous pouvons trouver d'autres facteurs expliquant les réactions de la maman. Elle est stressée, elle sait que Julien n'aime pas le shopping mais elle n'a pas le choix, elle ne se sent pas aidée, elle s'en veut d'entraîner son fils dans des activités qu'il n'aime pas. Elle pense qu'elle a trop gâté son fils et qu'elle doit en supporter les conséquences. Tout cela fait qu'il est encore plus difficile pour elle de s'en tenir aux limites qu'elle avait fixées. Elle n'arrive pas à faire comprendre à l'enfant qu'il faut bien que les courses se fassent et qu'il doit s'en accommoder, ni à trouver un moyen de le faire participer activement, par exemple en le laissant mettre les articles dans le caddie. C'est comme si les pleurs de Julien l'empêchaient de réfléchir et l'entraînaient dans un conflit avec l'enfant et avec elle-même.

Pour montrer de la fermeté, il faut être sûr d'avoir raison. Ce manque de conviction est perçu par l'enfant. Il saura qu'en s'agitant suffisamment, il obtiendra ce qu'il veut. On voit souvent ce genre de crise où parent et enfant s'accrochent en alimentant mutuellement leur malaise.

La question de la cohérence

Généralement, les adultes «en savent» bien plus que les enfants et ceux-ci se tournent vers papa et maman, notamment pour comprendre le monde qui les entoure. Dans le premier chapitre, nous avons vu que c'était déjà le cas lorsque le bébé avait besoin des parents pour donner un sens et une consistance à ses sensations. Quand l'enfant grandit, ses parents lui donnent une image de ce qu'il est, lui, de ce qu'ils sont, eux, mais aussi de ce qu'est le monde en général. L'enfant bien adapté s'en rapporte à ses parents pour savoir, par exemple, si tel nouveau venu dans son monde est fiable ou non; il guettera leur approbation dans ses propres activités et se basera sur eux pour explorer le monde extérieur.

Nous voyons, par exemple, les parents de Cédric recevoir des amis. On demande à l'enfant de sourire à tante Alice, ou d'aller chercher tel jouet, ou de regarder ce très joli livre... L'enfant sera félicité quand il fait ce que ses parents attendent de lui; il sera grondé quand il fait ce qui leur déplaît. Progressivement, Cédric acquiert une vision du monde et comprend ce qui se fait et ce qui ne se fait pas. Si les réactions à son comportement sont cohérentes, cette vision sera d'autant plus claire et plus solide et il distinguera très bien ce qui est autorisé et ce qui ne l'est pas, ce qui est anodin et ce qui est dangereux, etc. Aucun adulte n'est jamais tout à fait cohérent, mais pour l'enfant, une vision globale émerge.

La cohérence est, bien sûr, nécessaire, notamment quand il s'agit de fixer des limites. Voyons ce qui peut l'altérer.

L'incohérence entre les parents résulte généralement du fait qu'ils n'ont pas le même avis sur toutes les choses.

La petite Laura (3 ans) est une enfant charmante. Elle passe l'essentiel de son temps avec sa mère qui l'adore. Elle est active et gentille et aime la compagnie d'autres enfants. A l'heure du coucher, elle répugne à aller au lit sans que son père ou sa mère l'accompagne et se couche près d'elle sur le lit jusqu'à ce qu'elle s'endorme. La maman, qui a passé le plus clair de son temps avec Laura, veut avoir des soirées tranquilles et veut que l'enfant s'endorme seule. Au contraire, le père trouve que c'est l'occasion d'être enfin un moment avec Laura, tout en se détendant après une journée de travail. Et puis, la fillette ne demande même pas qu'on joue ou qu'on lui raconte une histoire... Alors, comme cela les arrange tous les deux, le père reste avec l'enfant.

En revanche, cela crée une friction entre les parents. Ils se chamaillent sur le bien-fondé de cette habitude qui empiète sur le temps que le couple peut passer ensemble. La maman est irritée de voir son mari installer une routine qui la gênera quand il sera absent. Leurs approches différentes créent des dissensions entre eux. Quand ils discutent du bien-fondé de leurs positions respectives, ils se retrouvent face à une incompréhension mutuelle et s'irritent l'un l'autre. Si, à ce moment-là, Laura appelait, son père serait ravi de courir lui tenir compagnie, plutôt que de continuer la discussion avec sa femme.

Les différences d'appréciation entre les parents ont un effet sur Laura. N'étant pas d'accord entre eux, ils ne peuvent se montrer cohérents devant leur fille : l'image du coucher est brouillée. Au début, c'est la régularité qui définit l'heure du coucher. Avec le temps, Laura comprendra peut-être que l'heure du dodo varie en fonction de celui ou celle qui la met au lit. Dans notre exemple, les tensions donnent à l'heure du coucher un climat d'insécurité qui va exacerber la réticence de Laura à se coucher seule.

En semaine, quand ses parents travaillent, le petit Vincent (2 ans) reste chez ses grands-parents jusqu'au soir. Globalement, cela se passe bien, malgré quelques petits problèmes. Sa maman essaie de déshabituer l'enfant de sa sucette qu'il ne quitte pas. Ses parents estiment qu'il serait temps d'autoriser la sucette seulement pour aller dormir. Ils trouvent que cette habitude devient mauvaise et qu'elle est susceptible de déformer la dentition. De plus, comme il la laisse tomber et la ramasse sans cesse, ils craignent des problèmes d'hygiène. En revanche, les grands-parents ne voient aucun inconvénient à son utilisation constante. Ils pensent que sa mère manque à l'enfant et que la sucette est un réconfort. De plus, ils ont la paix lorsque l'enfant est satisfait. Le résultat de cette incohérence est que, pour Vincent, les limites sont différentes chez ses parents et chez ses grands-parents.

Chaque camp a des arguments valables, basés sur l'intérêt de l'enfant. Ses parents trouvent que Vincent, qui grandit, devrait apprendre à se passer de sa sucette. Le point de vue des grands-parents les place devant le côté dépendant et très jeune du bébé. En rappelant aux parents qu'ils manquent à leur enfant, ceux-ci se sentent d'autant plus coupables de l'«abandonner» aux grands-parents. En fait, Vincent peut très bien se passer de sa sucette à certains moments et, à d'autres, il en a besoin. Les points de vue diamétralement opposés des parents et des grands-parents font que Vincent se sent écartelé par l'obstination de chacun à camper sur ses positions à son propos. Il perçoit donc une image ambiguë de lui-même quand il réclame sa sucette. Est-il ce tout-petit qui en a besoin pour son équilibre, ou ce «grand» garçon qui la réclame en guise de consolation quand il se sent triste ? On ne lui laisse pas la possibilité d'être mentalement l'un et l'autre. Il n'est pas aidé dans cet apprentissage douloureux de la séparation d'avec ses parents et de sa sucette.

Ce manque de cohérence peut avoir plusieurs effets. En grandissant, un enfant apprend que l'avis des parents peut être fort différent de celui des grands-parents, et il s'adaptera aux différentes règles. Mais s'il balance encore entre le bébé qu'il était et le garçon qu'il est en train de devenir, il peut se sentir perdu sans savoir jamais si ce qu'il souhaite lui sera accordé. Pour lui, c'est comme si la réponse était toujours «peut-être». Il peut se sentir le jouet du caprice des adultes. S'il pense qu'on peut à tout moment lui retirer sa sucette, il s'y accrochera avec plus de force que si le message des adultes était clair. Vincent, quant à lui, est dans une phase transitoire. Il pleure pour avoir sa sucette et rouspète quand ses parents la lui refusent, mais il apprend petit à petit à s'en passer.

Ces situations conflictuelles peuvent se produire entre le père et la mère ou entre les parents et ceux qui s'occupent de l'enfant tels que la famille, la mamie, la nounou ou la fille au pair. Cependant, ces contradictions n'existent pas seulement entre différentes personnes, mais peuvent être aussi en nous-mêmes. Revenons à l'exemple du supermarché. On peut être partagé quant à savoir s'il faut ou non donner des bonbons à un enfant : tantôt, on pense qu'un bonbon de temps en temps ne peut pas faire de mal, tantôt que c'est mauvais pour la santé.

Voici un cas similaire à celui de la petite Laura.

> Tom (3 ans) veut que quelqu'un lui tienne compagnie jusqu'à ce qu'il s'endorme. Sa mère pense que c'est une mauvaise habitude. Cependant, il lui arrive de se souvenir de son enfance, de son grand lit froid et combien elle se sentait seule la nuit. Un débat intérieur a lieu : elle doit rester ferme, sinon il n'apprendra jamais à s'endormir seul, mais quel mal pourrait faire un petit câlin ? Il pourrait devenir un enfant gâté, mais pourquoi un enfant serait-il obligé de grandir si vite ? Elle a souffert d'être seule et ne s'en porte pas plus mal à présent, mais pourquoi ne lui épargnerait-elle pas les souffrances qu'elle a connues ? Tantôt une voix l'emporte, tantôt l'autre.

Tom n'était jamais sûr d'obtenir gain de cause, mais toujours il insistait, et inévitablement se trouvait très désappointé si sa mère ne restait pas. Cette incohérence fait monter la tension au moment du coucher, car l'enfant ne sait jamais s'il sera déçu ou comblé. De plus, il n'est jamais tout à fait heureux, car il sait que l'épreuve recommencera le lendemain. Un enfant se sent plus à l'aise quand il sait ce que sera la réponse – même si elle ne correspond pas à son vœu –, plutôt que lorsque cette réponse est tantôt oui tantôt non.

Dans ce genre de scénario, il est utile d'identifier ce que les plaintes de l'enfant éveillent en nous. Dans le cas de Tom, cela rappelle à sa mère combien elle craignait de rester seule la nuit. Si elle admet que c'est là son problème à elle plutôt que celui de l'enfant, elle envisagera sans doute des moyens pour lui épargner la même anxiété. Elle comprendra mieux son fils et pourra lui proposer un arrangement : par exemple, elle pourrait passer une demi-heure chaque soir à lui lire une histoire, après quoi elle le laisserait s'endormir seul. Cela pourrait combler leur désir d'intimité à tous deux, tout en fixant à Tom un délai au-delà duquel il se retrouvera seul pour s'endormir. Sa maman peut l'aider en lui donnant une peluche ou un doudou à câliner lorsqu'elle-même aura quitté la chambre. Elle se tiendra aux limites qu'elle a fixées d'autant plus facilement qu'elle aura donné à l'enfant les moyens de les accepter.

Notre passé personnel et notre caractère influent considérablement sur notre façon de gérer un conflit, sur la cohérence de nos réponses et sur les décisions que nous prenons.

Valérie a grandi dans un foyer où la sévérité était de mise. Son père, tyrannique, la grondait sans cesse à propos de son maintien, de ses manières et de tout ce qu'elle faisait. Aujourd'hui, elle retrouve des traces semblables en elle-même : il lui arrive de réagir avec sa fille de quatre ans comme son père le faisait avec elle. Elle est consciente du problème et éprouve un sentiment de culpabilité. Chaque accrochage avec sa fille ranime le souvenir des conflits d'autrefois. C'est comme si le différend l'opposait à son père plutôt qu'à sa fille. Les sentiments de l'enfant qu'elle était l'emportent sur ses sentiments d'adulte, au point que son comportement, souvent, devient infantile. Elle a du mal à distinguer les réactions de sa fille du souvenir de ses propres réactions d'enfant. Souvent, on a l'impression d'assister à un désaccord entre deux enfants, plutôt qu'entre un adulte et une fillette. Les sentiments anciens occultent les réalités d'aujourd'hui et faussent complètement la relation.

Enfant, Robert a grandi dans un milieu défavorisé, tant sur le plan matériel qu'affectif. A présent, il est heureux et aisé. Dire «non» à ses enfants éveille en lui le souvenir accablant de ses propres frustrations. Par réaction, il les comble de cadeaux et de surprises, qu'ils n'apprécient pas vraiment car ils les considèrent comme allant de soi. Au lieu d'être heureux et comblés, les enfants semblent toujours mécontents et insatisfaits. Quand il se dit que ses enfants ont tellement plus de chance qu'il n'en a eu, il peste contre ces enfants gâtés, avides et ingrats.

Ici aussi, un cycle absurde s'instaure. Si quelqu'un a souffert de la faim dans son enfance, on comprend qu'il puisse avoir tendance à suralimenter son enfant. Cependant, pour l'enfant, ceci est sans rapport avec sa situation.

Ces exemples montrent comment le passé peut empiéter sur le présent. Comme on l'a vu dans le premier chapitre, c'est comme si des personnes ou des événements d'autrefois s'immiscaient dans votre relation avec votre enfant. Il peut s'agir de personnages réels liés à votre enfance : vos parents, un frère ou une sœur, un autre membre de la famille, un professeur... Il peut aussi s'agir de vous-même enfant, quand vous aviez l'âge qu'a votre enfant aujourd'hui. Ce qui veut dire qu'au lieu de réagir au présent avec votre enfant, vous êtes, en réalité, en train de revivre une situation qui vous est propre. Nous entrons parfois en dialogue ou en conflit avec des personnages de notre monde intérieur. Si nous sommes inquiets, nous pouvons y trouver une voix qui nous rassure; si nous nous sentons fautifs, c'est une autre voix qui nous reprimandera. Ce monde intérieur fait partie de ce qui nous rend multidimensionnel et enrichit notre personnalité. En revanche, il peut aussi provoquer l'inquiétude, la confusion et nous pousser à agir autrement que nous ne le souhaitons.

Les sanctions

Les sanctions sont importantes si l'on veut faire respecter le «non», mais si la sanction n'occupe pas une place de choix dans ce livre, c'est simplement parce que je pense qu'en ce domaine, il n'y a pas de recettes infaillibles qui conviennent à tout le monde. Si vous êtes en phase avec votre enfant de moins de cinq ans et que vous vous montrez convaincant, vous n'aurez normalement pas de mal à vous faire obéir. Bien sûr, il faudra de temps en temps le rappeler à l'ordre. Si nécessaire, vous aurez l'embarras du choix parmi les sanctions ordinaires : réduire son temps de télévision, le consigner un moment dans sa chambre, confisquer un jouet qu'il affectionne, le maîtriser physiquement quand il pique une crise, le priver de promenade, que sais-je ? Vous savez mieux que quiconque ce qui marche le mieux. Ce qui compte n'est pas tant la sanction que le message que votre attitude lui transmet. On ne casse pas les noix à coups de masse : une punition lourde et disproportionnée aura un effet préjudiciable; de même, s'emporter ou humilier l'enfant sont à éviter à tout prix. Perdre son sang-froid est toujours néfaste : c'est effrayant non seulement pour l'enfant, mais également pour le parent. Bien sûr, dire ou faire, occasionnellement, quelque chose que vous regrettez ensuite ne signifie pas la fin du monde, et l'enfant en conclura que vous n'êtes ni un robot ni un ange, mais un être humain, tout simplement. Ceci peut l'aider lui-même à juger son moi passionné avec une certaine indulgence. Si vous dépassez les bornes, votre enfant appréciera que vous lui fassiez des excuses. De plus, vous lui montrerez que vous êtes capable de reconnaître que vous n'avez pas bien agi et que vous le regrettez. Cette leçon d'humilité ne pourra que lui être profitable.

Ce qui importe est que les parents restent bien dans leur rôle d'adulte. Sachez ressentir les choses comme votre enfant les ressent, mais aussi trouver la meilleure solution, à la fois pour vous et pour lui. Tout en ménageant votre amour-propre, vous lui ferez comprendre que votre «non» a des raisons d'être. Ne cherchez pas à tout lui expliquer, montrez simplement que votre refus est justifié. A ce propos, je pense que pour mettre fin à l'escalade de la véhémence, une petite tape vaut, à l'occasion, mieux qu'un long discours sur le mauvais comportement de l'enfant. Aujourd'hui, beaucoup de parents ont tendance à étourdir l'enfant d'explications et de justifications.

La sanction doit être éducative. La cruauté apprend seulement à l'enfant à être méchant. La sanction doit apprendre à votre enfant à être plus gentil et c'est par essais et erreurs que vous découvrirez les punitions les plus efficaces. Si l'enfant sent que vous vous faites du souci pour lui et pour vous-même, le simple fait de chercher à résoudre le problème peut déjà arranger bien des choses. L'enfant apprécie vraiment ceux qui s'investissent pour lui. Il sent bien que c'est souvent plus facile de céder que de chercher une vraie solution.

Quand on ne dit jamais «non»

Le jeune enfant adore s'essayer à de nouvelles choses. Souvent, il revendique de faire ceci ou cela tout seul, suscitant la fierté mais aussi l'exaspération des parents. Alexandra insiste pour boutonner elle-même sa robe, Mario veut nouer ses lacets, Xavier veut escalader la chaise pour prendre lui-même son jouet et Sarah tient à pousser le landau trop lourd pour elle ! Les parents doivent se résoudre à laisser l'enfant faire des choses, car c'est en s'exerçant qu'il développera ses aptitudes physiques, sa motricité et sa dextérité manuelle. L'enfant peut se montrer persévérant dans ses efforts pour accomplir des tâches par lui-même et il est important, à ce stade, de ne pas refroidir son enthousiasme. Pensez à la remarque intelligente que cette maman fait à son petit garçon, Bob, qui l'aide à rentrer les courses : «Merci, petit homme, je n'y serais pas arrivée sans ton aide .» Ceci valorise le petit garçon : il est fort comme papa, quelqu'un dont maman a besoin.

Il est cependant important que l'enfant ait une image réaliste de ce qui est à sa portée et de ce qui ne l'est pas. Par exemple, Bob gagnerait à essayer de soulever un sac trop lourd pour lui : il serait toujours valorisé à ses yeux pour ce qu'il peut faire, mais il apprendrait en même temps à connaître ses limites. De plus, ceci éviterait à Bob l'écrasante responsabilité qui consisterait à croire que sa mère est nécessairement perdue sans son aide. Dans le cas d'un enfant, en particulier d'un garçon élevé par sa mère seule, une telle image irréaliste de son rôle dans le foyer peut devenir un fardeau accablant.

Avec votre aide et aussi en puisant dans ses ressources, l'enfant apprendra à gérer les cas où il n'arrive pas tout de suite à accomplir une tâche. Il faut qu'il essaie d'abord, bien sûr, pour sentir où cela coince, où il aura besoin d'aide. Un enfant qui croit qu'il peut tout faire par et pour lui-même, risque de ne pas accepter qu'on l'aide, ni physiquement ni intellectuellement. Refuser la moindre dépendance peut conduire à une forme de tyrannie. Et le tyran est généralement quelqu'un qui craint par-dessus tout que l'autre soit plus fort que lui et que, par conséquent, les rôles s'inversent. Dans «le monde enchanté» de l'enfance, ceci paraît encore plus effrayant.

J'ai connu le petit Paul dans un Centre familial dépendant du ministère des Affaires sociales. Son cas dramatique montre ce qui peut arriver lorsqu'on refuse tout lien de dépendance et toute limite. C'est un cas extrême, mais on peut en tirer des leçons.

> Paul, enfant non désiré, est le plus jeune de trois garçons. A la maison, l'atmosphère est explosive, survoltée, chaotique. Régulièrement, les garçons sont placés en institution pour quelque temps. A deux ans, Paul semble être un cas désespéré : on l'imagine venu d'un autre monde, avec ces grands yeux fous qui toujours fuient votre regard. Il est très agité et d'une agilité surprenante, sautant – dangereusement – comme un cabri. Il pique souvent des crises violentes, il a énormément de mal à se concentrer, son langage est limité et rester longtemps en sa compagnie est difficilement supportable.

On ne pouvait travailler avec Paul en se contentant d'être gentil et attentionné. Il réussit à exaspérer même les plus patients d'entre nous. Il semblait croire que tout lui était permis et cela lui était complètement égal d'être grondé ou puni. Je m'occupais de son cas au Centre mais, en plus, je le voyais en particulier à raison de trois séances par semaine. Voici un extrait typique du rapport d'une des premières séances après qu'il avait été absent pour maladie. Il avait alors quatre ans.

Paul jette le téléphone dans la poubelle en hurlant : «Va te faire foutre !». Il arrache le poster du mur. Je lui dis qu'il est très en colère contre la pièce et contre moi parce qu'il a raté plusieurs séances. Avant que je puisse l'attraper, il déchire le poster, puis il jette une lampe en bas de l'étagère, sans la casser. Je lui explique qu'il aurait pu se blesser, que les éclats de verre sont dangereux. Il marche vers moi, me donne un coup de pied en criant : «La ferme !».

Paul se conduisait en despote sans paraître le moins du monde touché par les opinions ou les sentiments d'autrui. Il sautait, hurlait et m'agressait, au point que je pouvais difficilement agir comme l'aurait fait une mère attentive, expérience d'ailleurs inconnue pour lui. Parfois, je devais le maîtriser physiquement pour l'empêcher de se blesser ou de me malmener; parfois, lui parler de ses sentiments l'amenait à se contrôler. C'était un challenge perpétuel pour moi d'essayer de trouver un sens à ses actions et ses émotions et de les expliquer. Tout le comportement de Paul montrait un dédain pour toute aide. Sa formule favorite était : « Moi faire !». Dans sa vision du monde, il n'y avait pas de mère pour le soutenir, le nourrir et l'aider à grandir. L'image du père était celle d'un personnage brutal qui détestait les bébés et à qui Paul s'identifiait. Cette vision s'étendait aussi à l'ensemble des adultes. Contrairement aux autres bébés, il ne s'était jamais senti en sécurité. Il refusait de paraître vulnérable, de peur qu'on se moque de lui ou qu'on le frappe. Il préférait, et de loin, ressembler à une sorte de superman fort et brutal.

Paul a mis très longtemps à s'accorder le droit de ressentir la vulnérabilité inhérente à son âge et à concevoir que quelqu'un pouvait avoir envie de prendre soin de lui. La cuirasse qu'il avait revêtue le protégeait contre les attaques, mais elle arrêtait aussi tout geste bienveillant. Sous la carapace, il était craintif et fragile. A ses yeux, l'alternative était d'être une petite brute tyrannique ou un petit enfant vulnérable. Comme les adultes de son entourage le laissaient agir comme il l'entendait, semblant incapables de contrer son comportement violent, Paul fut conforté dans l'idée qu'il était invincible. Tout ce qui tenait du bébé avait été refoulé en lui au point de devenir inaccessible.

Il était important qu'un adulte fasse comprendre à Paul qu'il n'était pas invincible. Sans égratigner son amour-propre, il fallait lui montrer qu'il était encore un petit garçon et qu'il avait besoin que quelqu'un s'occupât de lui. Il fallait aussi qu'un adulte le convainque qu'il deviendrait fort en grandissant – perspective capable de compenser son impression récente de fragilité. A mesure que ses limites se précisaient au cours de nos séances, Paul commença à se sentir plus à l'aise et put découvrir ce que c'est qu'être un bébé choyé. Pour la première fois de sa vie, il se reconnut vulnérable. Au cours d'une séance particulièrement émouvante, il ramassa une poupée et pointa son index vers les yeux, puis le nez, la bouche, etc., répétant : «Regarde» et «Quoi ça ?». Il déposa la poupée et, sur le ton de la confidence, il ajouta : «Garçon.» Je compris qu'il m'avait interrogée sur lui-même, sur ce qu'est un enfant, sur qui était Paul. Comme un bébé qui apprend les noms des parties du corps avec sa mère («Voici mon nez, voici ton nez...»), Paul avait enfin réussi à s'interroger sur ce qu'il était et à conclure qu'être un petit garçon, ce n'était pas si mal.

Voici le cas plus ordinaire de Charlie, trois ans, qui illustre dequelle manière naît la tyrannie.

> Charlie est un enfant très exigeant : il hurle chaque fois qu'il n'obtient pas ce qu'il veut. Ses parents ne savent plus à quel saint se vouer. Ils m'expliquent que Charlie exige que sa maman lui cuise des pâtes tous les jours, que ce soit sa mère et elle seule qui le couche, qu'elle lui lise une histoire tous les soirs... Les exigences se multiplient et les parents les satisfont servilement.

Ce qui frappe ici, c'est la capitulation des parents : quand Charlie exprime ses exigences, ils obtempèrent. Ils prennent les désirs du petit tyran domestique pour des besoins et ils s'y conforment. Une atmosphère tendue s'installe. Charlie n'a pas appris à gérer les frustrations et la moindre difficulté lui semble insurmontable. Son identité de petit chef ne laisse aucune possibilité à son identité de bébé de s'exprimer et de se développer. Comme ses parents ne disent jamais «non», il n'a aucune occasion d'expérimenter la frustration et donc de trouver la manière d'y réagir pour la surmonter. Son évolution est freinée. Comme Paul, il craint la punition et aussi la confrontation avec quelqu'un de plus fort que lui.

A l'opposé, on trouve l'enfant trop gentil. L'enfant qui ne supporte pas d'être petit et s'en tire en imitant les adultes afin de s'identifier à eux, rate une phase de son développement : il n'apprend pas à gérer ses peines d'enfant.

> A cinq ans, Angelina est ce qu'on appelle une «gentille petite fille» : elle est obéissante, polie et calme. Elle apprend vite, elle est en avance pour son âge. Elle fait aussi de la danse, avec succès. Elle se conduit généralement bien et ne se met jamais en colère. Cependant, à l'école, elle est très obéissante, mais jamais on ne la voit prendre l'initiative d'une activité : elle préfère prendre des airs d'adulte qui veut plaire à son entourage. Ses airs de petite sainte ne la rendent pas très populaire auprès des autres enfants.

Paul se prenait pour Superman; Angelina, elle, joue à l'adulte. On reconnaît mal l'enfant en elle. Elle échappe forcément à toutes remontrances de la part de ses parents ou d'autres adultes, mais elle est privée des joies de l'enfance. En anticipant le «non» qu'on pourrait lui opposer, elle se contrôle sévèrement et rate l'expérience de la frustration et donc l'apprentissage de sa gestion.

Il peut y avoir plusieurs explications à l'attitude d'Angelina. Sa mère a peut-être eu un bébé récemment et, consciente du surcroît de travail, Angelina veut grandir vite pour ne plus être un fardeau pour sa maman. Elle a peut-être surpris une scène de ménage entre ses parents et elle veut calmer le jeu. Cela lui plaît peut-être d'être la «gentille petite fille» de la famille, qui ne fait pas d'histoires. Elle trouve peut-être plus confortable de rester calme et à l'abri des émotions. Il y a mille raisons d'adopter telle ou telle manière de se comporter et de s'assumer, et chaque individu a ses raisons personnelles. Cependant, un développement harmonieux de la personnalité passe par l'apprentissage de la gestion des sentiments perturbants.

Selon la psychothérapeute Martha Harris, *L'enfant ne peut apprendre à contrôler ses sentiments indésirables de violence qu'à partir du moment où il a l'occasion de les éprouver. C'est seulement ainsi qu'il pourra évaluer leur puissance, trouver à l'intérieur de lui-même les ressources pour les maîtriser et, enfin, les utiliser, si possible, à bon escient.»*

Etre incapable d'être strict et de dire «non», peut générer des problèmes que j'aimerais expliquer au moyen du cas extrême de ce petit garçon et de sa maman.

> Adrien (3 ans) a été admis dans le Service pédiatrique d'un hôpital, en raison d'une constipation chronique. Les laxatifs, qu'on lui administre par fortes doses, ne font plus d'effet. Il faut lui vider l'intestin sous anesthésie générale, opération qu'il faudra sans doute réitérer plus tard. C'est donc une famille désespérée que je rencontre. Je suis d'emblée frappée de voir combien Adrien est autoritaire et combien sa mère est craintive. Il apparaît rapidement que c'est l'enfant qui régente la vie de sa mère. Il ne veut rester avec personne d'autre que sa mère, pas même avec son père ou des enfants plus âgés. Il hurle s'il n'obtient pas ce qu'il veut et sa mère lui passe tous ses caprices. De nos séances, il ressort clairement qu'Adrien répugne à partager l'attention de sa mère avec moi : quand nous parlons, il hurle pour couvrir nos voix. Très vite, il veut rentrer à la maison, il pousse des cris aigus et supplie sa maman pour qu'ils partent. Un jour même, il fait un tel remue-ménage que trois personnes viennent frapper à ma

> porte pour s'assurer que tout va bien. On donne l'impression de torturer le petit garçon.
>
> Au cours de nos séances, j'essaie avant tout, avec la maman, de supporter l'épreuve tout en essayant de comprendre ce qui se passe. Nous tentons de décoder la scène et de comprendre à la fois ce que la mère ressent et ce qu'Adrien veut exprimer. Est-ce vraiment une torture pour lui, après tout ? Est-ce vraiment insoutenable d'être assis dans ce bureau à réfléchir au problème ? Est-ce réellement cruauté de la part de sa mère de vouloir parler à quelqu'un d'autre que lui ? N'y a-t-il pas d'alternative ? Avec le temps, et comme je refuse d'écourter les séances, Adrien commence à se calmer, à s'intéresser aux jouets et même à réagir à ce qui se passe. Un jour qu'il joue avec la pâte à modeler, nous trouvons le moyen d'aborder le problème de constipation qui le bloque si fort, mais dont il se sert aussi pour coincer son entourage, tout en s'effrayant de voir que personne, pas même sa mère, n'arrive à l'en guérir.

Une partie du travail consistait précisément à interpréter les jeux de l'enfant, élément traditionnel de la psychothérapie de l'enfant. Pourtant, ce qui a fonctionné le mieux pour Adrien, c'est que je supportais et que j'amenais sa mère à supporter ses colères jusqu'à la fin du temps fixé, démontrant ainsi que respecter les limites, c'est non seulement humainement possible mais également bénéfique. La maman commença à montrer plus de rigueur dans ses rapports avec l'enfant, dès qu'elle comprit que c'était mieux pour lui. Après sept séances réparties sur une période de six mois, la constipation disparut, rendant heureusement superflue toute nouvelle intervention gênante.

La vie n'est pas facile pour l'enfant qui, comme Adrien, domine sa mère ou sa famille. Bien sûr, il a constamment quelqu'un auprès de lui, mais ses relations avec ses proches sont toujours tendues et engendrent beaucoup plus d'exaspération que de joie. La famille – partagée entre le découragement et la colère – se sent piégée. L'enfant qui extorque tout par la force ne connaît pas le plaisir de recevoir un cadeau spontanément offert. Il peut se sentir puissant; il ne peut pas se sentir valorisé ni aimé. Et cela se passe aussi dans des cas moins dramatiques. L'enfant qui dit sans cesse «Je veux telle chose» et qui l'obtient, est perpétuellement insatisfait.

> Tel couple de mon entourage voulait un enfant depuis longtemps. Professionnellement, ils étaient comblés, mais il leur manquait un enfant pour être pleinement heureux. Enfin, après un traitement favorisant la fécondité, Caroline, beau bébé robuste, vit le jour. Les parents étaient aux anges. Ils se montraient très indulgents avec le bébé et ne le grondaient jamais, car ils voulaient lui épargner toute peine. Maintenant que Caroline a quatre ans, sa maman est très enviée par les autres : elle ne se fâche pas, ne crie pas, elle a une patience d'ange. Les amies de Caroline l'ont élue «la plus gentille maman». Elle fait la cuisine et cuit son pain avec l'aide de Caroline, joue et fait des travaux manuels avec elle, lui confectionne des déguisements... Caroline reçoit tout ce qu'elle demande, généralement sans même devoir insister. Pourtant, au lieu d'être une fillette comblée et rieuse, Caroline est souvent maussade. Quand une activité se termine, elle en veut une autre tout de suite. Quand sa mère met en place un jeu, Caroline change d'avis et veut faire autre chose. Elle semble toujours mécontente. Quand elle n'est pas gentille avec un autre enfant, sa mère sourit et dit : «Ce n'est pas bien ça, Caroline. Je suis sûre que tu ne le pensais pas.»
>
> Ses amies finissent par en avoir assez de Caroline. Elles la trouvent trop gâtée. Elle est rejetée.

Comme elle obtenait toujours ce qu'elle voulait, soit en le demandant, soit en se plaignant, Caroline s'habitua à n'en plus faire qu'à sa tête. Elle n'apprit ni la patience ni le compromis. En présence d'autres enfants, elle était déstabilisée. Elle n'arrivait pas à partager. Elle ne savait pas comment jouer avec eux d'égal à égal. On voit ici les effets pervers de ce souci permanent d'éviter toute peine à Caroline. L'enfant, dont les besoins ont toujours été prioritaires, n'a pas appris comment se comporter avec d'autres.

> Eddy est le fils unique d'une mère célibataire. C'est un beau petit garçon de deux ans avec de grands yeux et un sourire désarmant. Il adore jouer avec d'autres enfants, mais il est vite surexcité et il arrive souvent qu'il en empoigne un, le serre finit toujours par l'effrayer, à lui faire mal. Sa mère, embarrassée, s'excuse pour lui, mais elle n'intervient pas à temps pour l'empêcher de recommencer. Eddy est son bébé chéri et elle est ravie de le voir si sociable et extraverti. Elle est aveugle à l'agressivité de son enfant. Les autres enfants le craignent et se méfient de lui de plus en plus. Les mères aussi ! Nathalie, la maman, est agacée : elle trouve que les autres sont injustes avec Eddy. Elle est tout le temps à le défendre et à gronder les autres enfants. Et l'agressivité d'Eddy se développe aussi vis-à-vis de sa mère.

C'est une dynamique très courante dans les groupes de mamans et de jeunes enfants. En général, le problème se résout quand la maman reconnaît que certains aspects de son enfant sont loin d'être parfaits. Normalement, une mère est capable de faire face à la désobéissance, la jalousie ou l'agressivité de l'enfant. Malheureusement, Nathalie avait tellement besoin d'idéaliser son fils qu'elle était incapable de reconnaître son comportement agressif. Eddy, donc, ne se sentait pas vraiment aimé pour ce qu'il était. Il essayait d'exprimer sa mauvaise humeur et sa jalousie envers les autres enfants. Comme on ne comprenait pas ses sentiments, on ne l'aidait pas à les gérer.

Au fil des années, Eddy est devenu de plus en plus difficile, à la maison comme à l'école. Ses relations avec sa mère se sont tendues au point de devenir carrément mauvaises. Sentir qu'on le considérait comme caractériel augmentait sa colère. En outre, il se sentait coupable de ne pas être ce que sa mère espérait qu'il soit. Nathalie était déçue, furieuse et malheureuse. L'erreur de départ a été le refus de voir en Eddy un mélange de positif et de négatif. Comme sa maman ne voyait pas certains aspects de son caractère, il a dû assumer seul et n'y est pas arrivé de façon satisfaisante.

Aux yeux de Nathalie, il était l'enfant idéal. Reconnaître son agressivité aurait brisé l'image qu'elle avait de lui. Etant seule, elle ne bénéficiait pas non plus de l'appui d'un point de vue différent. Elle aussi était privée de la présence d'un tiers obligeant qui aurait pu l'aider à supporter et à gérer les sentiments dérangeants. Ne pas dire «non» à Eddy, dès le début, a freiné son épanouissement et l'a empêché de trouver les moyens de s'occuper du côté sombre de sa personnalité. Ce côté est resté immature, ce qui lui a valu les problèmes qui ont suivi.

L'avantage d'imposer des limites

Etre sécurisé

Nous avons vu combien l'enfant qui domine l'adulte se trouve dans une position effrayante. Si, à l'âge de trois ou quatre ans, vous êtes plus fort que ceux qui prennent soin de vous, qui donc vous protégera en cas de danger ?

Pour l'enfant, les limites qui lui sont imposées sont des obstacles parfois irritants, mais ce sont aussi des barrières de sécurité à l'intérieur desquelles il se sent à l'abri. Il y a d'autres raisons de poser des limites. Pour assurer la sécurité physique de l'enfant, il tombe sous le sens qu'il faut lui interdire de jouer avec des objets dangereux tels qu'allumettes, couteaux ou prises de courant. Il est moins évident de décider si l'enfant doit ou non donner la main pour traverser la rue. Et puis, il y a journellement une infinité d'occasions de poser gentiment mais fermement des limites qui ne sont pas directement liées à sa sécurité mais qui aident l'enfant à se sentir protégé.

Après une matinée passée avec sa mère dans une aire de jeu, Anita veut continuer à jouer. Sa mère lui dit : «Non, il est temps de manger.» Anita pleure et trépigne en affirmant qu'elle ne mangera pas.

Si sa maman cède et laisse Anita trimballer son casse-croûte de balançoire en toboggan, l'enfant connaîtra un sentiment de triomphe, mais elle sentira aussi que sa mère ne peut lui résister, comme nous l'avons vu plus haut avec les petites brutes. Elle peut aussi avoir l'impression que sa mère est indifférente et chercher d'autres moyens de mobiliser son attention. Les concessions que l'on fait pour avoir la paix, sont rarement payantes. Si sa mère reste ferme, si elle arrive à calmer la petite fille et à lui faire apprécier son déjeuner, tout le monde sera gagnant. Le conflit apaisé, mère et fille auront retrouvé leur complicité.

Ceci s'applique à une multitude de situations, telles que celle où l'enfant doit patienter pour obtenir ce qu'il veut, ou quand l'enfant est obligé de jouer seul pendant un moment. Dans le cas d'Anita, la fermeté de la maman montrera à la petite fille que sa colère et son refus d'obéir sont considérés comme les réactions d'un individu à part entière. Maman peut dire : «Je sais que tu es en colère et que tu voudrais faire autre chose, mais je sais aussi qu'il est l'heure de déjeuner et que c'est bien mieux pour toi de manger tranquillement. Tant pis, si tu n'es pas contente. Je ne céderai pas et je veillerai à ce que tu fasses ce qui est bien pour toi.» Bien sûr, elle le dira avec d'autres mots. Elle peut même l'exprimer autrement qu'avec des mots. La fermeté de sa mère donnera à Anita la sensation d'être protégée malgré elle. Savoir que quelqu'un est prêt à affronter votre colère pour votre bien, ajoute à votre sensation de sécurité.

DEVENIR FORT

Les limites nous aident aussi dans une large mesure à développer nos ressources personnelles. S'il y a toujours quelqu'un pour faire les choses à notre place, pour satisfaire tous nos caprices, nous deviendrons un être faible, incapable d'affronter le moindre problème. La mère qui cherche à tout prix à éviter à son enfant de rencontrer la moindre difficulté, l'empêchera d'apprendre à se débrouiller dans la vie. Il faut savoir faire la différence entre le besoin et le caprice.

L'enfant a besoin d'assimiler à son rythme les limites que vous lui fixez. Un bambin peut faire exprès de renverser son gobelet en disant : «Pas bien de faire ça !». Deux pensées s'opposent dans son esprit à ce moment : il sait parfaitement qu'il n'a pas le droit de faire cela mais, en même temps, il en a très envie. N'oublions pas qu'apprendre à respecter des règles est long et difficile.

Chaque limite qu'on lui pose donne à l'enfant l'occasion de progresser. Etre obligée de manger alors qu'elle avait envie de jouer, a donné à Anita l'occasion de résoudre un conflit. Si elle y arrive, ce sera une preuve pour elle qu'elle est capable d'affronter les difficultés. En lui montrant qu'il y a un temps pour chaque chose, sa mère permet à Anita d'acquérir la notion de structure : les choses ont un début, un milieu et une fin. Savoir cela vous aide à supporter les moments difficiles et à apprécier les instants de bonheur.

L'enfant qui réclame une présence ou un jouet, et qui est obligé d'attendre, ou même de renoncer à obtenir ce qu'il veut, apprend à envisager des alternatives, à être créatif. Un enfant qui doit jouer seul parce que sa mère est trop occupée, peut très bien d'une boîte à chaussures faire un lit de poupée, un vaisseau spatial ou un château fort, parce qu'il aura dû faire appel à son imagination pour créer une activité plaisante. Un enfant plus jeune manipulera cette boîte en tapant dessus, en la secouant, en la mettant sur sa tête, et, comme un petit savant, cherchera à en découvrir toutes les propriétés. Quant vous dites «non» à un enfant, vous devez être prêt à affronter ses réactions. Encore faut-il que notre «non», s'il s'oppose au désir de l'enfant, soit raisonnable pour ne pas le décourager. Il cherchera alors à compenser sa frustration en puisant dans ses propres ressources.

Combattre les limites

Nous savons tous qu'il n'est pas facile de s'entendre dire «non». Quand vous le dites à un enfant, vous devez être prêt à affronter ses réactions.

Les petites colères

La révolte est une des caractéristiques de la petite enfance. Un jeune enfant peut piquer des colères telles que, à le voir trépigner et se rouler par terre en hurlant, on est à la fois furieux, inquiet pour lui et troublé de constater son manque de sang-froid. D'un adulte qui réagirait de cette façon, on dirait qu'il est dans tous ses états, hors de lui, à «côté de ses pompes». C'est exactement le message que nous transmet l'enfant : il est complètement déstabilisé.

Vivre une telle expérience ou en être le témoin peut être effrayant. Un jeune enfant qui est contrarié s'exprimera en actions plutôt qu'en paroles. Si l'adulte qui le côtoie à ce moment-là garde son sang-froid, il pourra aider l'enfant à se ressaisir et à retrouver son calme. Le rôle de l'adulte est justement d'être adulte. Il ne doit pas se laisser submerger par la vague qui le conduirait à avoir, en fin de compte, la même réaction violente que l'enfant. La colère est irraisonnée et, lorsque nous la provoquons ou que nous en sommes le témoin, nous pouvons avoir du mal à garder la distance nécessaire pour aider l'enfant. Il est plus facile de céder à la colère et de hurler «Arrête ça immédiatement !», que de voir au travers de ce monstre grimaçant le petit être qui a désespérément besoin d'aide !

Tant que l'enfant est petit, il est possible de le calmer physiquement en le tenant ou en lui parlant pendant une crise de ce genre. Pour certains enfants, il suffit d'être présent et d'attendre qu'ils se calment d'eux-mêmes.

Les parents «monstres»

Parfois l'enfant peut vous donner l'impression que vous êtes devenue une vilaine sorcière. Vous voilà prise de doute : êtes-vous vraiment cruelle ? Vous avez du mal à vous persuader que vous avez bien fait de lui refuser de regarder une énième vidéo. Il est arrivé à ma fille de sangloter dans mes bras en répétant : «Je veux ma maman», comme pour dire : «Pas toi, vilaine sorcière, je veux ma vraie maman, celle qui est gentille.» C'est très compliqué pour un tout-petit d'avoir des sentiments aussi opposés pour une même personne. C'est une chose qui nous poursuit d'ailleurs durant toute notre vie, de façon moins évidente, mais il nous arrive à tous de nous demander comment telle personne que nous aimons tant peut parfois être aussi exaspérante. Nous avons tendance à céder au manichéisme pour juger telle personne tout à fait adorable, et l'autre – celle qui dit «non» – tout à fait détestable. Ceci peut être la source de conflits entre parents, grands-parents, nounous, enseignants. C'est simple comme dans un conte de fées. On trouve légitime d'aimer et de détester avec passion. La dualité des sentiments mêlés est beaucoup plus difficile à appréhender.

Quand on a compris le mécanisme, on se sent moins atteint personnellement et on peut s'en tenir à sa décision. Si vous êtes assuré du bien-fondé de votre attitude, vous serez convaincant, mais si vous entrez dans le jeu de l'enfant, si vous êtes persuadé d'être le grand méchant cruel, vous pouvez effectivement le devenir, parce que vous êtes obnubilé par l'image que votre enfant vous renvoie de vous-même, comme nous l'avons vu dans l'exemple de Jacques, au début de ce chapitre. Quand vous réalisez que l'enfant vous considère comme un monstre, c'est une situation difficile à vivre. Vos sentiments vous empêchent de voir clairement ce qui se passe. Peut-être y a-t-il des moments où vous êtes trop dur ? Vous avez alors l'occasion de changer d'attitude. Mais sachez rester ferme quand il le faut, même si cela doit entamer votre capital sympathie.

La colère

Les limites provoquent souvent la colère, qui est une réaction commune à la plupart d'entre nous, mais qui laisse souvent un sentiment de culpabilité. Pourtant, c'est une façon normale et saine de réagir dans certaines circonstances. Il est rassurant pour un enfant de voir que, vous aussi, pouvez céder à la colère. Ce qui importe, c'est ce qu'on en fait. Si les parents arrivent à la contrôler et à la dépasser, l'enfant aussi apprendra à gérer ses sentiments.

Un enfant doit pouvoir ressentir de la colère et trouver les moyens acceptables de l'exprimer. Les jeunes enfants peuvent avoir des réactions très différentes. Dans une crèche, on verra tel enfant s'accrocher au puzzle qu'il est en train de réaliser comme si sa vie en dépendait, et tel autre rester complètement indifférent si quelqu'un lui chipe des pièces. De même, s'il est frappé par un petit camarade, un enfant se mettra à hurler et fera un scandale, un autre ira chercher de l'aide en pleurant, un troisième va riposter et un quatrième va simplement s'éloigner. Nous souhaitons tous voir notre enfant développer une solide personnalité qui le fera réagir s'il est agressé. Sa façon de se regimber influencera certainement la réaction des autres vis-à-vis de lui.

Dans l'exemple cité plus haut, on pourrait aider l'enfant à voir si l'agression était violente ou si c'était un simple accrochage. Dans le cas du dernier enfant, on pourrait l'encourager à se défendre, à ne pas se laisser agresser. Il nous arrive à tous de nous mettre en colère. La vie en société génère inévitablement des situations conflictuelles. Nous avons tous besoin d'apprendre à gérer conflits et émotions fortes.

Voici un exemple tout à fait différent, où la colère et la peur peuvent passer inaperçues parce que non clairement exprimées. Je veux parler d'Alain que j'ai aidé après la mort de sa petite sœur.

Alain a quatre ans. Il y a quelques mois, sa petite sœur, un bébé de quelques semaines, est morte. Alain était un petit garçon très intelligent, sérieux, poli et bien dans sa peau. Pendant la maladie de sa petite sœur, il s'est montré très gentil avec ses parents, et acceptait qu'ils fussent souvent absents. On me l'a amené parce qu'il est devenu très peureux, craignant toujours de perdre des objets et obsédé par l'heure, surtout celle où ses parents doivent venir le chercher à l'école. Il doit bientôt entrer dans une nouvelle école et ses parents s'inquiètent : comment vivra-t-il ce changement ? Les parents sont très gentils et comprennent que la mort de sa petite sœur a des répercussions énormes sur la vie d'Alain, mais ils ne savent comment l'aider.

Dans tous ses jeux apparaissent des situations d'urgence : ambulances et hôpital, incendie et pompiers, policiers et voleurs. Au début, il joue toujours le rôle du bon sauveteur mais, petit à petit, le policier devient mauvais, le pompier pyromane et ainsi de suite.

Il paraissait évident que ses jeux exprimaient le désir de secourir sa petite sœur et le désespoir de voir qu'aucun sauveteur n'avait pu la sauver. C'est ce que tout le monde avait compris et c'est sur cette base qu'on essayait d'aider l'enfant. Mais il m'a paru important de relever que, dans son jeu, les bons n'étaient pas si bons que ça et étaient même parfois carrément méchants. On put dès lors parler du fait qu'il n'avait pas toujours été enchanté d'avoir une petite sœur et, qu'à un certain degré, il se sentait responsable de sa mort. Il fut effrayé, non seulement par ce qui était arrivé, mais aussi par ce qui pourrait arriver à ses parents si, par exemple, il se mettait en colère contre eux. Il lui était difficile d'exprimer librement son mécontentement et sa colère ou de se comporter autrement qu'en étant gentil.

Dès que ceci fut éclairci, il retrouva dans ses jeux l'attitude naturellement autoritaire et espiègle de n'importe quel enfant de son âge. J'ai parlé de tout cela avec l'enfant et avec ses parents. Ils avaient admiré son attitude pendant la maladie de sa petite sœur, mais ils ont admis qu'il devait pouvoir aussi exprimer des sentiments moins nobles. Il put s'intégrer sans trop de problèmes dans le tourbillon des enfants turbulents de sa nouvelle école.

L'expression de la colère doit être tolérée par l'entourage afin qu'elle ne soit pas ressentie par l'enfant comme quelque-chose d'insupportable, pouvant avoir des effets mortels. S'il ne peut exprimer son ressentiment afin de constater les effets qu'il produit, il peut imaginer que son pouvoir de destruction est infiniment puissant. Gare au choc quand il se trouvera confronté à un petit fier-à-bras. Selon l'expérience qu'il a eue et la leçon qu'il en a tirée, il jouera au petit garçon qui ne se bagarre jamais, et il se fera tabasser, ou il se croira invincible et sera très surpris de voir que l'autre peut être beaucoup plus fort, ou encore il perdra toute mesure et frappera avec beaucoup plus de force qu'il ne s'en croyait capable.

Il est légitime de ressentir de la colère et d'avoir l'esprit habité par elle. La manière et la mesure dont elle s'exprime peut varier énormément d'une culture à l'autre et même d'une famille à l'autre. Claquer les portes, crier, casser la vaisselle seront choses courantes chez les uns et totalement impensables chez les autres. L'enfant doit avoir une idée de ce qui est permis chez lui pour pouvoir comparer avec ce qui est toléré ailleurs.

L'AGRESSIVITÉ

L'agressivité est pour l'enfant un moyen d'exprimer sa colère. Elle est souvent l'autre visage de la peur. Les réactions d'un jeune enfant sont très rapides. Il a besoin de l'exemple de l'adulte qui réfléchit avant d'agir. Comme nous l'avons vu avec le petit Paul, son agressivité est née de sa peur. La peur le faisait réagir avant même de savoir s'il y avait vraiment quelque chose à craindre. A travers Paul et d'autres enfants défavorisés, j'ai compris combien l'expression par la parole était importante. Il faut pouvoir dire ce que l'on ressent, pour se ménager une pause entre ce qui est ressenti et la riposte. Bien que Paul soit un exemple extrême, on retrouve un peu de lui dans chaque enfant.

L'enfant est souvent agressif lorsqu'il a peur ou qu'il se sent menacé, soit parce qu'il a été grondé, ou parce qu'il est incapable de faire ce qu'on lui demande, ou encore parce qu'il a été brutalisé par d'autres – enfants ou adultes. Agresser est un moyen de se défendre contre la peur. Etre petit peut être effrayant. Les autres font toujours tout mieux, ils sont plus forts, plus grands et plus puissants.

Le livre de Maurice Sendak, *Where the wild things are,* illustre bien ceci. Il parle d'un petit garçon malicieux, Max, à qui sa méchanceté vaut d'être envoyé au lit sans dîner. Dès qu'il y est enfermé, sa chambre se transforme en forêt vierge et il part pour le pays où vivent les «choses sauvages».

Je trouve que cette histoire illustre bien la «chose sauvage» qui est en chaque enfant. Blessé d'avoir été grondé, Max se replie dans un monde fantastique peuplé de personnages effrayants (les parents peuvent être effrayants lorsqu'ils sont en colère !). Le voyage dure infiniment, comme dure le temps quand on est consigné dans sa chambre. Finalement, il aboutit aux «choses sauvages». Comment les affronter sinon en devenant leur roi ? Mais, dès qu'il a maté la rébellion et soumis les choses sauvages, l'ennui s'installe. Max décide alors que les choses sauvages sont méchantes et, comme sa mère l'a fait avec lui, il les envoie au lit sans dîner. Heureusement pour lui, Max garde en mémoire une image positive de sa mère qui lui fait parvenir dans son monde lointain des odeurs de cuisine révélatrices de bonnes choses à manger. Nous pouvons dire que Max est un enfant très aimé, car il retrouve le chemin de la maison où l'attend un bon dîner, et tout est bien qui finit bien : sa mère l'aime toujours.

Malheureusement, pour Paul comme pour beaucoup d'autres enfants que j'ai rencontrés, le chemin de la maison est dur à trouver et les sauvages de la forêt semblent moins dangereux à fréquenter que ceux de la maison. Pour ces enfants, le pays des sauvages devient un refuge permanent plutôt qu'un lieu d'escapade occasionnelle. Le résultat des recherches sur les suites de ce genre de traumatisme chez l'enfant est alarmant : le comportement violent qu'il induit chez l'enfant se prolonge non seulement dans l'adolescence mais aussi dans la vie adulte. Si nous pouvons intervenir chez le jeune enfant, il est encore possible d'arrêter cette spirale infernale.

Il faut se souvenir que l'agressivité peut aussi être une force positive. Elle peut être l'équivalent émotionnel d'un tonique musculaire. C'est elle, souvent, qui nous pousse à l'action. Mais il faut pouvoir la canaliser et la contrôler pour que ses effets soient constructifs plutôt que destructeurs.

La haine et l'amour

En grandissant, nous apprenons que penser n'est pas la même chose qu'agir, et que prendre le temps de réfléchir permet d'avoir le choix d'agir ou de ne pas agir. Mon petit Paul a appris à dire «Je voudrais casser ce carreau», plutôt qu'à le faire. Réfléchir avant d'agir présente aussi l'avantage de nous faire entrevoir les conséquences de nos actes.

Comme parents, nous devons être prêts à affronter des réactions de colère lorsque nous disons «non» sans transiger. Nous devons établir des règles de vie en société en espérant pouvoir inculquer aux enfants le respect de l'autre.

Jérémie, un adorable bambin que j'ai suivi de l'âge de deux ans et demi à cinq ans, m'avait été amené parce qu'il était tellement turbulent que ses parents, plutôt paisibles, se trouvaient dépassés par son comportement explosif, violent et débridé. Il était allé jusqu'à frapper sur la tête de son père avec un marteau parce que l'enfant voulait qu'il cesse de jouer du piano pour s'occuper de lui ! Ce qui suit est extrait du compte-rendu d'une séance qui se tint après des vacances. L'enfant avait quatre ans.

> Jérémie fait irruption dans la pièce comme une tornade, rugissant et menaçant de «me dévorer complètement». Il ne peut se calmer, court en tous sens, déchire du papier, griffonne sauvagement et ainsi de suite. Puis, il fait le tour de la pièce et, en imitant la grosse voix du Papa Ours de *Boucle d'Or,* il dit : «Qui est entré ici ?». Je lui parle des

vacances et lui dis qu'il est comme l'ours de l'histoire : il veut tout vérifier pour savoir qui est venu chez moi pendant son absence. Il commence à retirer brutalement les meubles de la maison de poupée et dit : «On voit que c'est mort.» Il arrache des morceaux et se met à les mordre. Je dis qu'il est tellement en colère qu'il se sent comme le lion rugissant qui mord et mange les choses pour les tuer. Il dit très doucement que lorsqu'il pleure, c'est moi qu'il veut. Je lui dis que les vacances ont été dures, que nos séances nous ont manqué. Il demande : «Si je te mange, tu ne seras pas là, n'est-ce pas ?». Je dis que lorsqu'on aime quelqu'un comme maman ou moi, on craint de blesser la personne qu'on aime et on a très peur de la perdre.

Il ne s'agit pas ici de savoir si oui ou non il pouvait me manger. La vérité est que son sentiment de colère était tel que c'est ce qu'il avait envie de faire. Nous l'avons déjà vu : en imagination, tout est possible. Il peut aussi avoir eu l'idée que manger quelqu'un, c'est l'avoir en soi et donc l'empêcher à jamais de partir. Pendant cette séance, il est arrivé à dépasser sa colère pour comprendre qu'il m'aimait également. C'est au travers de cette ambivalence que nous pouvons voir l'autre tel qu'il est, avec ses bons et ses mauvais côtés, et le juger en fonction de la moyenne. Laisser s'exprimer la colère de l'autre et la comprendre, c'est l'amener à réfléchir. Cette réflexion permet d'apprécier l'autre, c'est le début de la gratitude. Jérémie et moi avons eu souvent l'occasion d'étudier l'impact des sentiments violents : des sentiments qui pouvaient être passionnés et positifs, ou rageurs et haineux. J'ai beaucoup appris de sa sincérité et de sa spontanéité. On peut imaginer combien j'aimais ce petit bonhomme.

Les limites au quotidien

J'ai essayé de montrer que tout comportement comporte une signification mais que, celle-ci se manifestant dans le cadre d'une relation, une même histoire a plusieurs facettes. Nous avons vu comment surviennent des sentiments contradictoires et comment ce qui nous est advenu dans notre passé influe sur notre comportement présent. Nous avons analysé les conséquences que peuvent entraîner le fait de dire ou de ne pas dire «non» et les réactions que nous risquons de rencontrer. Je voudrais maintenant aborder les difficultés qu'on rencontre communément pour fixer des limites dans le cadre de la vie quotidienne, et les réactions qu'elles provoquent chez de jeunes enfants.

La séparation

Un moment où nous disons clairement «non» à un enfant est celui de la séparation. Il veut rester avec nous, mais il doit rester avec d'autres. La plupart des parents racontent la même chose : l'enfant s'accroche à eux en pleurant. Le problème n'est pas seulement de savoir si l'enfant se plaira avec les autres, mais également d'arriver à bien négocier les moments de la séparation, sinon le temps des retrouvailles pourrait avoir un goût amer. L'enfant s'accroche à vous et vous essayez de l'écarter. Comment ce comportement est-il perçu par l'un et par l'autre ? Il faut écouter et comprendre l'histoire de chacun. La séparation est toujours un mouvement à double sens.

L'une des premières séparations importantes pour le jeune enfant a lieu lorsqu'on le confie à la garde d'une grand-mère, d'une nounou, ou qu'on le met à la crèche ou à l'école maternelle. Si l'on visite une crèche, on rencontrera toujours au moins une mère qui a beaucoup de mal à se séparer de son enfant tout en donnant l'impression de vouloir l'écarter. On peut remarquer que si l'enfant dit au revoir une seule fois avant de s'éloigner, même à contrecœur, la mère dit au revoir dix fois, indiquant par là qu'une fois c'est trop peu et que la séparation est pénible pour elle aussi. La scène peut se terminer par des larmes chez l'enfant qui aura alimenté son chagrin à celui de sa mère. C'est pour cela que dans certaines crèches, les parents ne sont pas autorisés à franchir la porte d'entrée, ce qui ne résout pas les problèmes de séparation entre parent et enfant, mais facilite la vie du personnel.

La façon dont les parents présentent la séparation détermine la manière dont l'enfant la vivra. La mère a-t-elle entièrement confiance en la personne à qui elle confie son enfant ? A-t-elle gardé un bon souvenir de la manière dont cela s'est passé pour elle-même ? A-t-elle le sentiment de laisser son enfant en d'autres mains parce que c'est bien pour lui ou parce que ça l'arrange, elle (par exemple, pour se rendre au travail) ? Tous ces facteurs influeront sur sa façon de dire au revoir. Un au revoir dit avec assurance permettra à l'enfant d'envisager les heures qui suivront comme une perspective agréable.

Il y a aussi la question cruciale si souvent soulevée : faut-il dire au revoir ou vaut-il mieux s'éclipser discrètement ? Beaucoup d'adultes se leurrent en pensant qu'un enfant n'a pas conscience de son entourage : ce qu'on ne voit plus, on n'y pense plus. Pour avoir côtoyé des enfants de moins de cinq ans pendant des années, je puis affirmer que ceci est totalement faux. Ce qui est vrai, cependant, c'est que l'enfant à qui l'on dit qu'on va partir, protestera probablement. Les parents doivent accepter cette réaction, mais s'en tenir à leur décision de partir.

Il arrive qu'un enfant soit content de voir partir sa mère ! Ceci n'est pas facile à vivre non plus pour une mère aimante qui sait, par ailleurs, combien son enfant va lui manquer.

Que faire lorsque votre enfant s'accroche à vous en hurlant comme s'il allait mourir si vous partez ? Comme dans l'exemple cité plus haut, soyez objective et clairvoyante. Si vous partez malgré ses hurlements, en étant assurée de le laisser en de bonnes mains, votre confiance le confortera dans l'idée que tout ira bien et qu'il existe d'autres personnes que vous dans le monde pour prendre soin de lui. Si vous hésitez et ne partez pas, vous le confortez au contraire dans l'idée que vous êtes la seule personne qui peut prendre soin de lui et que le monde extérieur est plein de dangers. Bien sûr, la séparation doit se faire avec ménagement. Au début, vous pouvez peut-être n'envisager que de courtes séparations, mais il est primordial d'entamer le processus pour que votre enfant arrive à se séparer de vous et puisse ainsi apprécier d'autres aspectss de la vie.

LE SOMMEIL

La psychothérapeute pour enfants, Dilys Daws, a étudié la manière dont les parents ressentent la séparation et comment leur sentiment est transmis à l'enfant. Dans son livre *Les enfants qui ne dorment pas la nuit,* elle associe la difficulté qu'éprouve un enfant à dormir aux sentiments ambivalents des parents à l'égard de la séparation.

Beaucoup de couples sont confrontés un jour ou l'autre à une difficulté typique de notre époque : trouver un lit plus grand pour y loger l'enfant qui se glisse régulièrement sous leurs couvertures. Faut-il tolérer ou refuser la présence de l'enfant dans le lit des parents ? Les avis sont partagés. On est sûr du moins que pour un enfant plus âgé, adolescent ou adulte, la question ne se pose pas. Nous ne la posons ici que par rapport à l'enfant de deux à six ou sept ans. Pourquoi trouvons-nous difficile d'être fermes pour envoyer l'enfant au lit, puis de lui dire «non» quand il veut rejoindre le lit des parents ? Qu'est-ce qui vient brouiller les cartes ? Comme toujours, la réponse est complexe.

Dans le premier chapitre, nous avons examiné la crainte de la séparation. L'idée de sommeil évoque facilement la notion de perte et même, plus rarement, la notion de mort. Le poète britannique Tennyson appelait le sommeil «le frère jumeau de la mort». Avant d'aller au lit, la plupart des parents vont s'assurer que bébé va bien, qu'il respire.

En vous endormant, vous entrez dans un espace-temps que vous ne contrôlez pas vraiment. Le sommeil engendre un sentiment d'isolement : c'est le havre calme et intime des rêves pour l'un, le monde orageux des cauchemars pour l'autre... Souvent, c'est un mélange des deux. Mais nous ne savons pas ce que sera notre nuit. Les mots que nous utilisons évoquent le voyage : nous nous souhaitons une bonne nuit, de beaux rêves, et nous ajoutons «A demain !», comme si nous parlions d'un départ et d'un retour.

La manière dont papa ou maman perçoivent la nuit aura une influence sur ce que ressent l'enfant pendant ce moment de clair-obscur qui sépare la veille du sommeil. Un parent qui laisse une lumière allumée, au cas où l'enfant s'éveillerait dans le noir, accrédite chez lui l'idée que l'obscurité est plus inquiétante que reposante. On pourrait s'arrêter également sur des sujets tels que : faut-il fermer la porte ou la laisser ouverte, faut-il faire le silence ou admettre le bruit habituel ? Notre vision du sommeil et notre manière de l'assumer forment une image que nous véhiculons. Rappelez-vous le joli conte de la *Chouette qui avait peur de la nuit,* qui raconte comment un petit hibou réussit à vaincre sa peur de la nuit en parlant avec des animaux qui aiment l'obscurité. Si vous trouvez que c'est un plaisir de s'étendre seul au milieu d'un bon lit, vous insisterez pour que votre enfant se couche dans son lit à lui. Si, au contraire, cela évoque pour vous la solitude, vous penserez que c'est la raison qui le pousse à se coucher dans votre lit et vous le laisserez venir. En réalité, il peut avoir une raison tout à fait différente de se coucher dans votre lit ou de ne pas se coucher du tout. Mieux vaut l'écouter que de présumer qu'il pense comme vous.

Il y a d'autres raisons qui expliquent que des parents permettent que l'enfant se couche très tard ou s'endorme dans leur lit. La soirée est peut-être le seul moment que l'enfant peut partager avec une mère ou un père qui travaille à l'extérieur toute la journée. Et le lit, avec l'enfant blotti sous les couvertures, crée un sentiment d'intimité. Une nuit ensemble, occasionnellement, n'est pas une mauvaise chose, mais il est important de savoir si vous cherchez par là une réponse aux besoins et soucis de l'enfant ou aux vôtres. Une mère célibataire avec qui j'ai travaillé prenait souvent sa petite fille dans son lit parce qu'elle-même avait peur la nuit. Elle savait bien que cette petite de deux ans ne pouvait pas la protéger, mais elle se sentait tout de même plus en sécurité.

D'autres causes se situent dans le couple. Un enfant dans le lit, apparemment pour que les deux parents puissent s'en occuper, peut être la réponse à l'envie qu'ils ont de mettre une distance entre eux. Dans tel couple, l'enfant au milieu du lit sert à la fois de présence rassurante et de barrière entre les conjoints. Cette situation n'est cependant pas profitable pour l'enfant, qui peut se sentir à l'étroit au milieu de la tension qu'il perçoit entre ses parents, de même qu'il peut aussi s'inquiéter de l'hostilité latente qu'il ressent entre ses parents, et vouloir être là pour calmer le jeu par sa présence. Les parents eux-mêmes peuvent être soulagés de l'avoir comme garde-fou. Tel autre enfant, conscient du désaccord entre les parents, peut en profiter pour chercher à se rapprocher de l'un en repoussant l'autre. Toutes ces questions et d'autres encore, vous pouvez les évoquer si vous trouvez que votre enfant est trop souvent dans votre lit.

Ce n'est pas rendre service à l'enfant que de le prendre dans votre lit toutes les nuits, car cela freine le développement de la perception de sa propre personnalité. Un enfant qui dort régulièrement dans le lit des parents parce qu'il a peur du noir, n'apprendra pas à assumer sa peur et restera vulnérable. Chaque nuit, il vous appellera, au lieu de se cacher la tête sous la couverture, ou de chanter, ou d'écouter de la musique. S'il croit qu'il y a des crocodiles sous le lit ou des esprits malfaisants dans l'armoire, vous le conforterez dans cette idée en le laissant venir dans votre lit. Il a besoin de rester dans sa chambre pour expérimenter qu'il n'y a pas de monstres. S'il apprend à trouver des moyens, des stratégies pour surmonter sa peur, l'enfant y gagnera en force de caractère, en confiance en lui, en énergie. Dans son roman de science-fiction *Dune,* Frank Herbert crée une «litanie contre la peur» très appropriée à notre sujet : *«Je ne dois pas avoir peur. La peur tue l'esprit. La peur, c'est une petite mort qui détruit tout. Je veux regarder ma peur en face. Je veux la laisser me traverser. Et quand elle sera passée, mon regard intérieur observera sa trace. Là où la peur est partie, il n'y aura plus rien. Il ne restera que moi seul.»*

Face à des expériences telles que la peur, toutes les paroles rassurantes du monde auront moins d'importance pour l'enfant que la sensation vécue de la peur, la maîtrise de son émotion et la dissipation de celle-ci.

L'enfant ne pense probablement à sa peur qu'à l'heure du coucher, mais ses parents peuvent y repenser pendant la journée. C'est l'occasion d'en parler avec lui et de s'attaquer au problème avant qu'il ne tourne à la panique. L'enfant et maman ou papa peuvent trouver ensemble des moyens, des stratégies permettant de gérer la peur, notamment se coucher avec son jouet préféré, se cacher sous le drap, écouter une musique ou une histoire, laisser une veilleuse allumée. Le mieux est d'y réfléchir ensemble.

La nourriture

L'heure des repas est souvent aussi celle des bagarres entre parents et enfants. Le conflit porte tant sur ce qu'on mange que sur où et comment on mange. Une mère est très sensible aux réactions que suscite la nourriture qu'elle sert. Si l'enfant refuse de manger, elle peut le ressentir comme un rejet de sa personne. Parfois, la tension est telle que c'est finalement plus l'atmosphère que les aliments que l'enfant trouve indigeste. Nous connaissons tous le «nœud» dans l'estomac provoqué par le stress. Les très jeunes enfants sont très sensibles aux climats émotionnels. Si l'enfant qui repousse son potage est traité comme s'il détestait sa mère, cela risque fort de lui couper l'appétit pour de bon. Beaucoup de blagues juives sont construites sur cet amalgame. A l'inverse, l'enfant peut aussi renoncer à ériger des barrières entre ce qu'il aime et ce qu'il n'aime pas, et s'adapter pour avoir la paix.

D'un autre côté, l'enfant qui refuse de goûter tout ce qui ne lui est pas familier ou qui fait la grimace devant toute nourriture, a besoin que sa mère puisse interpréter cette répugnance. Nous l'avons déjà vu : notre manière de réagir aide l'enfant à appréhender le monde qui l'entoure. Si sa mère lui permet de faire le difficile, elle le conforte dans l'idée qu'il n'existe pas grand-chose de bon à manger. Si l'on accepte qu'un enfant exige tous les jours le même plat et refuse de goûter quoi que ce soit d'autre, il finira par tyranniser sa mère. Elle cuisinera en fonction des caprices de l'enfant, obsédée par le souci de préparer des choses qu'il acceptera de manger. Elle deviendra hésitante dans le choix des aliments, ce qui entraînera la méfiance de l'enfant. Elle se culpabilisera de ne pas donner une alimentation équilibrée à son enfant. Le repas deviendra une corvée. Quel gâchis ! Il pourrait y avoir des règles : soit on décide qu'il y a des aliments qu'il doit goûter, soit il a le droit de désigner précisément ce qu'il n'aime pas. Par exemple, l'enfant et les parents pourraient décider que les épinards, les haricots et le chou sont rayés du menu, mais qu'il mangera les autres légumes. Une règle de ce genre reconnaît à l'enfant le droit d'avoir des goûts personnels tout en maintenant le principe selon lequel beaucoup de choses de la vie sont bonnes. Ceci confirme encore que la maman doit être elle-même convaincue que les choses qu'elle offre sont bonnes, et communiquer cela à son enfant qui pourra, alors, apprécier les repas.

L'ATTENTE

Le jeune enfant vit intensément le moment présent. Sa notion du temps est très subjective. Il n'aime pas attendre, il préfère la satisfaction immédiate. Parfois, c'est physique, et nous avons tous vu un enfant qui a faim, devenir difficile, puis redevenir – presque miraculeusement – joyeux et gentil après le repas. L'enfant qui couve une maladie peut se montrer grincheux et nous n'en comprenons la raison que lorsque la maladie se déclare. (L'expérience aidant, je crois pouvoir affirmer qu'un comportement difficile est souvent un signe de maladie – presque un symptôme.)

Quand un enfant veut quelque chose, il ne supporte pas d'attendre. Il est bon pourtant qu'il apprenne que ce n'est pas très gênant d'attendre un peu. Souvent la mère répond à la moindre manifestation d'impatience de l'enfant et court s'occuper de lui toutes affaires cessantes. Il n'y a pas moyen d'avoir une conversation normale avec elle, parce que l'enfant vient l'interrompre à tout moment. Imposer régulièrement un temps d'attente raisonnable serait un exercice très profitable pour l'enfant. Il apprendrait à s'occuper mais aussi à gérer ces petites contrariétés.

Une mère qui souffre de faire attendre son enfant, s'identifie probablement très fort à lui, et c'est l'enfant qu'elle a été et qui lui revient en mémoire qu'elle satisfait. Si vous-même pensez que c'est pénible d'attendre, vous transposez ce sentiment à votre enfant. Une fois de plus, il est essentiel de démêler vos sentiments de ceux de votre enfant.

Un sentiment de culpabilité peut nous empêcher d'apprendre à l'enfant à attendre. Il est fréquent qu'une maman éprouve des remords parce qu'elle gronde son enfant et découvre le lendemain qu'il a un gros rhume, comme si la réprimande avait provoqué le refroidissement. On a alors l'impression que dire «non», fixer des limites, présente des dangers. Pourtant, nous avons vu que ne pas dire «non» est souvent dommageable. L'enfant incapable d'attendre est à la merci de ses émotions et peut se sentir très malheureux. Lui fixer des limites l'aidera à maîtriser des émotions qui le dépassent. Autrement, il pourrait être le jouet d'émotions débridées qui feraient de lui un petit tyran, comme dans les exemples rencontrés plus haut.

Le comportement destructeur

Quelles que soient les circonstances, l'enfant doit apprendre à respecter les autres. Et s'il fait du mal, il doit apprendre à réparer. L'enfant à qui on permet d'être destructeur a à la fois peur à cause de ce qu'il a fait et de ce que vous pourriez lui faire. Un jour, on a conduit Paul, le petit garçon violent dont nous avons parlé plus haut, à une séance de radiographie. Quand il a vu l'appareil s'approcher de lui, il a hurlé : «Ne tirez pas !». Il croyait que l'heure du châtiment avait sonné. L'enfant qui casse tout développe d'abord un sentiment de culpabilité qui se transformera en désespoir total : le monde entier est brisé et irréparable. L'enfant destructeur se sent soulagé si vous l'empêchez de continuer à faire du mal : il découvre en même temps que vous êtes prêt à l'aider, à le protéger. L'enfant pris dans le tourbillon destructeur est devenu incapable de se contrôler. Ici aussi, il sent qu'en lui disant «non» fermement, on prend soin de lui et on consent sans faiblir à prêter attention à sa colère.

On voit parfois des reportages sur des enfants qui grandissent en marge de la société. Ce qu'ils font n'intéresse personne. On ne s'occupe pas d'eux. Sont-ils dangereux ? Sont-ils en détresse ? Eux-mêmes ont le sentiment de ne servir à rien. Leur philosophie est celle du «à quoi bon ?». Les laisser poursuivre dans cette voie, c'est leur permettre de se bâtir un monde bien sinistre.

Les bonnes manières

Nous n'attendons pas grand-chose d'un bébé sur le plan des bonnes manières. Aussi, découvrir les raffinements de la vie en compagnie d'autres et apprendre à les maîtriser est une nouveauté pour l'enfant entre deux et cinq ans. Le bébé, il est vrai, en avait eu un avant-goût : on lui demandait de sourire, de faire au revoir de la main, d'être gentil avec les amis de papa et maman, etc. Mais l'enfant plus âgé se fera réprimander s'il n'a pas de bonnes manières.

Ici encore, il faudra parvenir à aider l'enfant à s'intégrer à la vie en société sans pour autant écraser sa personnalité. Il faudra trouver un moyen terme entre ce que nous voulons que l'enfant fasse et ce qu'il est réellement capable de faire. Une bonne raison pour votre enfant d'apprendre à se conduire en société est que sans cela personne ne souhaitera sa compagnie.

Vous pouvez penser que l'enfance est le temps de la liberté et qu'il ne faut pas l'entraver. Ou alors, vous pensez que l'enfant est un petit adulte qui est non seulement capable, mais aussi tenu de se conformer aux usages. Notre vision de l'enfance et notre opinion sur l'intégration dans la société influencent notre manière de mettre en œuvre les limites que nous fixons. Nos propres difficultés pour exister en tant qu'individu et néanmoins faire partie de la société peuvent aussi jouer un rôle. C'est pourquoi nous devons agir en respectant la personnalité de l'enfant, tout en lui fournissant les moyens de se sentir à l'aise dans la vie. Il vaut mieux privilégier une éducation par touches constantes et répétées plutôt qu'une approche dure et sévère.

Les parents doivent attacher de l'importance à la manière dont l'enfant les traite. Si une maman permet que son enfant soit grossier ou méprisant avec elle, elle accrédite l'idée que c'est une façon normale de se comporter avec elle. Ce faisant, elle valorise un aspect négatif du caractère de l'enfant, au détriment de son épanouissement. Elle lui servira aussi d'exemple : il n'aura pas non plus la force de réagir lorsque d'autres se conduiront mal avec lui. Les mères timides, soumises et toujours disponibles, auront du mal à rester fermes. Souvenons-nous que ce qui compte n'est pas seulement la façon dont nous nous conduisons avec notre enfant, mais aussi la façon dont nous admettons qu'il se conduise avec nous. Les conventions sociales, les bonnes manières, peuvent sembler superficielles ; elles procèdent tout de même des relations entre les personnes. Grandir, devenir adulte, c'est, dans une certaine mesure, se laisser domestiquer. Dans *Le petit prince* d'Antoine de Saint-Exupéry, le renard est très émouvant quand il demande à être apprivoisé. Le petit prince veut jouer avec le renard qu'il vient de rencontrer, mais l'animal répond qu'il ne peut pas jouer puisqu'il n'est pas apprivoisé. Le petit prince est perplexe, mais le renard lui explique que «apprivoiser» signifie «créer des liens». *«Si tu m'apprivoises,* explique-t-il, *ma vie sera comme ensoleillée. Je connaîtrai un bruit de pas qui sera différent de tous les autres. Les autres pas me font rentrer sous terre. Le tien m'appellera hors du terrier, comme une musique. Et puis regarde ! Tu vois, là-bas, les champs de blé ? Je ne mange pas de pain. Le blé pour moi est inutile. Les champs de blé ne me rappellent rien. Et ça, c'est triste ! Mais tu as des cheveux couleur d'or. Alors ce sera merveilleux quand tu m'auras apprivoisé ! Le blé, qui est doré, me fera souvenir de toi. Et j'aimerai le bruit du vent dans le blé…».*

Une mère qui crée cette sorte de relations avec son enfant ne sera jamais quelqu'un d'ordinaire pour lui. Elle aussi sera unique pour son enfant et elle gagnera et méritera sa reconnaissance.

Une place dans la famille

Un enfant peut avoir des frères et sœurs. C'est souvent à l'occasion de la naissance d'un petit frère ou d'une petite sœur que se pose, pour l'enfant entre deux et cinq ans, la question de sa place dans la famille. Parmi les changements que cela apportera dans sa vie, c'est sûrement le partage qu'il aura le plus de mal à assumer.

Pour accepter de partager, l'enfant doit se sentir aimé et en sécurité. Or, ces sentiments peuvent être ébranlés par l'arrivée du bébé. Les parents doivent alors réaffirmer leur attachement à l'enfant.

Revenons à l'histoire du petit prince, qui aime une rose en particulier. Aux autres roses, il explique : *«Vous êtes belles, mais vous êtes vides... On ne peut pas mourir pour vous. Bien sûr, ma rose à moi, un passant ordinaire croirait qu'elle vous ressemble. Mais, à elle seule, elle est plus importante que vous toutes, puisque c'est elle que j'ai arrosée. Puisque c'est elle que j'ai mise sous globe. Puisque c'est elle que j'ai abritée par le paravent. Puisque c'est elle dont j'ai tué les chenilles (sauf les deux ou trois pour les papillons). Puisque c'est elle que j'ai écoutée se plaindre, ou se vanter, ou même quelquefois se taire. Puisque c'est ma rose.»*

MÉNAGER UNE PLACE À BÉBÉ

On a constaté que c'est souvent le premier-né qui, entre deux et cinq ans, accepte le plus difficilement l'arrivée d'un bébé. Il traite le nouveau venu en rival et même avec hostilité. Il se montre agressif et possessif avec sa mère. Il devient difficile, exigeant et parfois il «fait le bébé». Il peut, par exemple, redemander une sucette, se remettre à sucer son pouce ou à faire pipi au lit. Comme pour la colère, il est essentiel que l'enfant puisse exprimer ce qu'il ressent et que, malgré ses sentiments négatifs, il ait l'assurance d'être aimé. Sentir votre confiance l'aidera à gérer et à assumer ses émotions contradictoires. Cela peut être un vrai choc pour lui de comprendre que le bébé est là pour toujours.

> Un couple rencontré dans une unité de soins néonatals intensifs est étonné de voir comme leur petite fille de trois ans, Suzy, réagit bien à l'arrivée du nouveau-né. Pendant les visites, elle est très sage. Après le retour de la maman à la maison, Suzy est enchantée de l'accompagner à l'hôpital tous les jours et ravie de la voir nourrir le bébé et changer ses couches. Le jour où le bébé peut rentrer à la maison, Suzy est enthousiaste mais, le soir même, elle demande à sa mère quand on ramènera le bébé à l'hôpital. L'idée que ce bébé va rester vivre avec eux ne l'a jamais effleurée.

Dans beaucoup de familles on rencontre une variante de cette histoire : l'aîné veut, par exemple, offrir le benjamin en cadeau ou le renvoyer au magasin. Dire «non» au souhait de voir disparaître le nouveau-né et imposer le bébé comme membre de la famille demande du doigté. La maman s'identifie souvent avec l'aîné. Peut-être se souvient-elle d'un petit frère qui l'a évincée autrefois. Si elle était elle-même la cadette, elle peut se sentir coupable d'avoir accaparé la sollicitude de sa mère autrefois, et chercher à compenser cela aujourd'hui en favorisant l'enfant plus âgé, image de son propre grand frère frustré. La maman peut elle-même – tout comme l'aîné – se sentir submergée par ce petit être envahissant. A l'opposé, elle peut se sentir très proche du bébé comme s'ils ne faisaient qu'un et ne pas apprécier les réactions de l'aîné. Toutes ces pensées, tous ces sentiments vont commander les réactions de la maman. Rappelons encore qu'il est important d'observer l'enfant, de comprendre son point de vue et de l'aider à assumer ses sensations en comprenant que celles-ci ne sont pas nécessairement les mêmes que les vôtres. C'est le moment où le soutien du mari, du compagnon, de votre mère, d'amis, est essentiel. Il est très difficile de faire face toute seule à des exigences aussi vives et contradictoires sans se sentir dépassée.

Dans ce contexte, fixer des limites doit avoir pour but d'assurer à chacun une place légitime au sein de la famille et de permettre à toutes les émotions de s'exprimer sans pour autant les laisser se traduire en actes. Etre destructeur n'est profitable à personne. Aider l'enfant à ménager dans sa vie une place pour le nouveau-né – et pour les autres en général – c'est le préparer à partager en d'autres circonstances, notamment quand il s'agira d'aller à l'école.

QUAND C'EST TRÈS DUR DE DIRE «NON»

Il y a des enfants à qui il est particulièrement difficile de dire «non». Les familles qui ont connu des problèmes de stérilité et ont adopté ou accueilli un enfant, ou celles qui ont un enfant handicapé, connaissent parfois des difficultés spécifiques.

Il est très dur d'être sévère avec un enfant que vous avez attendu pendant des années. Tout au long de l'attente faite d'espoirs et de déceptions, l'enfant rêvé a pris forme et cette image peut se substituer à la réalité de l'enfant tel qu'il est. Elle peut nous rendre aveugles ou au contraire hypersensibles aux défauts de l'enfant. Dans un sens ou dans l'autre, notre réaction risque d'être faussée. Il est important de normaliser les contacts avec l'enfant : lui n'a pas attendu des années pour arriver chez nous et ne ressent pas les choses de la même façon.

Quand nous adoptons un enfant, nous accueillons en même temps un passé que nous ne connaissons pas. Même si nous avons accès à des informations, certains aspects de la personnalité de l'enfant demeureront mystérieux. Pour l'enfant, ce sera rassurant de sentir qu'il entre dans un milieu où les règles sont claires : cela lui donnera une structure solide, capable de rétablir l'équilibre perturbé dans le passé. Notre clarté et notre fermeté contribueront à lui donner un sentiment d'appartenance : désormais, il fait partie de notre famille.

Si l'enfant a eu un passé traumatisant, il faut bien se dire que cela peut se réparer. Il s'attendra de prime abord à être traité comme auparavant, et il assimilera son nouvel entourage aux personnes qu'il a côtoyées avant. L'enfant qui a été maltraité est souvent difficile : il peut se conduire comme le petit Jacques au début de ce chapitre ou, comme Paul, nous pousser à bout. Les moments de séparation, en particulier, seront difficiles à vivre. Nous avons une tendance naturelle à vouloir épargner toute nouvelle peine à l'enfant qui a souffert. Bien sûr, il faut s'occuper de lui sans compter, mais sans laxisme. Il a besoin d'un adulte prêt à faire face à ses réactions violentes. Lui dire «non» à des moments appropriés lui fera le plus grand bien.

Si l'enfant est handicapé, nous hésiterons à établir des limites : celles-ci paraîtraient cruelles, trop exigeantes, impossibles à gérer. Comme toujours, il est primordial d'observer l'enfant et de comprendre ce qu'il est capable de faire. Agir comme s'il était trop fragile pour s'entendre opposer un «non», c'est renforcer chez lui la conscience de son handicap. A l'inverse, faire preuve d'une certaine exigence peut éveiller sa fierté et lui donner confiance en soi. Il faut rester réaliste, bien sûr, et ne pas exiger l'impossible, auquel cas, on découragerait l'enfant. C'est surtout par essais et erreurs que l'on découvre les aptitudes des jeunes enfants. Pour éviter les conclusions hâtives, ne renonçons pas sans avoir essayé.

> Sam (4 ans) regarde ses camarades essayer de sauter à cloche-pied. Il gigote sur sa chaise. Sa mère est désolée de le voir s'exciter en voyant ses copains faire quelque chose qu'il ne peut pas faire. Quand Sam veut se joindre à eux, sa maman est partagée : faut-il le laisser essayer ou faut-il lui épargner l'échec de la tentative en le distrayant au moyen d'une autre activité ? Sam semble si enthousiaste qu'elle le fait descendre de sa chaise pour l'aider à sautiller. Soutenu par sa mère, le garçon tend les jambes, puis relève le pied gauche. Il est ravi de cette réussite, et sa mère aussi. Il est heureux d'avoir essayé et se sent récompensé de l'effort fourni.

Dans cet exemple, la mère, préparée à assumer sa tristesse face à l'évidence du handicap de son fils, lui a permis de tenter l'expérience. Et puis s'est révélé le fait que Sam, bien que moins agile que les autres, était plus déterminé, que son pouvoir d'adaptation était plus développé.

Avec un enfant handicapé, on a tendance – et c'est fort compréhensible – à en faire trop et trop vite, surtout dans les premières années, par peur que sa croissance soit soudain contrariée. Placer haut la barre encourage et stimule l'enfant. Il faut cependant considérer la croissance de l'enfant dans sa totalité et envisager de dire «non» à votre envie de vaincre le handicap coûte que coûte. Si tout ce que vous faites est fonction du handicap, vous perdrez le contact avec la personnalité de votre enfant. Sam a un handicap, d'accord, mais il est plus qu'un enfant handicapé : il est un être avec une personnalité globale. L'enfant reçoit l'image de lui-même dans le regard de ses parents. Cette notion est extrêmement importante quand il s'agit d'un enfant handicapé, car cette image contient notre douloureuse résignation à être privé de l'enfant que nous avions rêvé. Mais la tâche des parents est de faire de la place pour leur enfant, et de voir en lui l'enfant dans sa globalité, pas seulement son handicap. Ceci facilitera la mise en œuvre des principes touchant l'art de dire «non», discutés dans ce chapitre. Cela aidera aussi l'enfant à vivre une vie ordinaire.

Soutien et assistance

Les enfants de moins de cinq ans sont des êtres enthousiastes et fougueux dont le comportement et les sensations passent facilement d'un extrême à l'autre. Faire face à cela tout seul n'est pas toujours aisé. Il sera bon parfois de pouvoir compter sur quelqu'un capable de diminuer les tensions et d'aider à voir clair dans ce qui se passe. Il est très dur de se trouver seul dans la tornade. De plus, les jeunes enfants nous entraînent souvent à agir comme eux. Si c'est le cas, il serait bon que quelqu'un nous aide à redresser la barre.

Entre deux et cinq ans, l'enfant prend conscience de sa place dans la hiérarchie familiale. Même s'il se plaint de cette situation, il sent bien qu'être enfant plutôt que partenaire du couple est rassurant et confortable. Il se sent d'autant plus en sécurité que le couple est solide. Ce couple est généralement formé des parents, mais ce n'est pas toujours le cas. Il peut s'agir de deux personnes qui s'entendent pour s'occuper de l'enfant. La deuxième personne peut être quelqu'un que l'on a engagé pour s'occuper de lui. Etre un élément du triangle, c'est sortir de la relation exclusive mère-enfant pour faire ses premiers pas dans le vaste monde. Il apprend ainsi à côtoyer d'autres gens qui ont aussi une vie en dehors de lui. Il constate aussi que ses parents ont des préoccupations qui les absorbent et ne le concernent pas directement, par exemple la perspective d'une naissance ou n'importe quel autre projet. Toutes ces petites choses s'additionnent pour contribuer au sain épanouissement d'un individu.

En résumé

Entre deux et cinq ans, on croit vivre dans un monde enchanté où l'imaginaire et la réalité se mélangent. L'environnement de l'enfant est un microcosme qui s'organise autour de la famille et quelques autres petits groupes. Les problèmes qui surgissent concernent surtout la manière de gérer ses sensations, de maîtriser son comportement, de s'y prendre avec les autres et avec soi-même. Les parents, très proches de l'enfant, jouent les intermédiaires entre le monde extérieur et lui. Ils comprennent bien leur enfant mais, parfois, les différences s'estompent entre la perception de l'enfant et celle des parents. Il est parfois nécessaire d'examiner les signaux de l'enfant et de démêler les choses, en se rappelant qu'il a une personnalité propre. Dire «non», établir des limites, contribuera à donner à l'enfant une ligne de conduite à suivre quand il se sentira déstabilisé. Il se sentira en sécurité au sein de la famille et commencera à fourbir ses propres armes.

Certaines étapes de cette évolution ne se déroulent pas nécessairement de façon harmonieuse, mais grandes sont les satisfactions futures. Plus tard, l'enfant s'épanouira et, par moments, se montrera assez autonome. Ce qui l'aidera alors n'est pas la présence constante de ses parents, mais ce qu'il a été capable de retenir de sa propre expérience ou de l'exemple qui lui aura été donné.

Et je citerai *Le petit prince* une dernière fois : «Ainsi le petit prince apprivoisa le renard. Et quand l'heure du départ fut proche :

– Ah ! dit le renard... Je pleurerai.

– C'est ta faute, dit le petit prince, je ne te souhaitais point de mal, mais tu as voulu que je t'apprivoise...

– Bien sûr, dit le renard.

– Mais tu vas pleurer ! dit le petit prince.

– Bien sûr, dit le renard.

– Alors tu n'y gagnes rien !

– J'y gagne, dit le renard, à cause de la couleur du blé.»

3

De six à douze ans

C'est donc le premier jour de classe pour chacun d'entre vous [...]. Comme vous le savez, la directrice est Melle Legourdin : elle fait régner une discipline très stricte dans l'établissement et, si vous voulez un conseil, ayez toujours devant elle une conduite irréprochable. Ne discutez jamais avec elle. Ne lui répondez jamais. Faites tout ce qu'elle vous dira de faire. Sinon elle aura tôt fait de vous réduire en bouillie comme une patate dans un mixer.

ROALD DAHL, *Matilda*
(trad. de Henri Robillot)

Un monde tout neuf

Vers l'âge de cinq ans, chaque enfant doit faire la transition de la maison à l'école. Certains sont allés à la crèche ou à l'école maternelle, d'autres sont restés à la maison avec maman et papa, mais pour tous l'entrée à l'école primaire est une expérience toute neuve. On attendra de l'enfant qu'il s'adapte à des règles établies pour tous et qui pourraient ne pas convenir à sa petite personne. Jusqu'ici, on s'était attaché surtout à sa socialisation. On s'attachera désormais davantage à son éducation. Cette transition est énorme. Obéir aux règles et aux usages – toutes choses qui imposent de strictes limites – est d'une importance primordiale. La manière dont l'enfant réagira à tous ces «non» influera de façon importante sur ses facultés d'adaptation, d'assimilation dans un groupe d'amis ou d'apprentissage.

Comment notre enfant s'adaptera au maître, au groupe et aux exigences, est une des principales inquiétudes que nous avons lorsqu'il entre à «la grande école». Dans le chapitre 2, nous avons abordé les problèmes qui peuvent surgir lors d'une séparation. Ce sont les mêmes que l'on risque de rencontrer dans ce cas-ci. L'enfant peut se sentir découragé devant la perspective de longues journées passées loin de ses parents. Il peut se sentir tout à coup perdu dans cette foule d'enfants sans le secours de papa ou maman pour l'aider à nouer des contacts. La relation maître-élève peut l'embarrasser. Est-ce une sorte de père, d'oncle, de policier, d'ami ? Il peut avoir le sentiment d'être grand puisqu'il va à la grande école, et en même temps se sentir tout petit parce qu'il ne comprend pas très bien ce qu'on attend de lui.

C'est une période à la fois excitante et inquiétante pour l'enfant. La plupart des enfants abordent l'école et embrassent à leur nouvelle identité d'écolier avec enthousiasme. Ils aiment les symboles liés à leur nouveau statut : le cartable, la trousse, les cahiers, les livres.

Cet enthousiasme est souvent tempéré d'un peu d'anxiété chez les parents. Comment leur enfant s'adaptera-t-il à sa nouvelle vie ? Parfois, le souvenir de leurs propres débuts dans la vie scolaire alimente leur inquiétude. Après tout, ils confient leur enfant à des personnes qui influeront pour une large part sur sa personnalité en devenir.

Quand la plus jeune de mes filles a commencé l'école, un groupe de mères accompagnées de leurs enfants s'est rassemblé la veille de la rentrée pour que les enfants se rencontrent et fassent connaissance. Nous, les mères, pensions aussi que ce serait bien de nous connaître un peu, pour rendre plus facile une étage qui nous paraissait potentiellement difficile. La réunion eut donc lieu. Les enfants disparurent très vite pour jouer ensemble. Notre conversation s'orienta vers nos propres souvenirs d'école. Je fus frappée de voir que, très rapidement, on en vint à parler de séparations pénibles et même d'hospitalisations et autres souvenirs désagréables. Tandis que nos enfants étaient tout à la joie de découvrir de nouveaux copains, nous, les adultes, avions embarqué dans de lugubres galères ! Preuve que nous n'étions pas très rassurées quant à ce qui attendait nos bambins.

Au cours de cette conversation, une des mères nous a raconté qu'elle avait toujours détesté son prénom et qu'elle souhaitait le changer. Elle aurait trouvé extraordinaire de pouvoir le faire tout de suite et d'étrenner son nouveau prénom avec des gens qui ne l'avaient pas connue avant. Ceci est un exemple d'opportunité nouvelle qu'offre un changement. Commencer une nouvelle relation avec des inconnus nous permet de prendre un nouveau départ. Nous ne sommes pas liés par ce qu'ils savent déjà de nous. Cela vaut aussi pour les enfants qui auront à se débrouiller pour impressionner les nouveaux camarades et le maître. Cela permettra à un enfant qui rencontre des difficultés relationnelles à la maison de se forger une nouvelle image plus positive. Le vilain petit Billy, toujours prêt à faire des sottises, peut se révéler un petit garçon très sérieux à l'école. La timide Emma peut, entraînée par le groupe, devenir une petite fille turbulente à la récré !

Nos propres sentiments influeront sur la manière dont nous présenterons l'école à nos enfants. Ils influeront aussi sur notre manière de juger le comportement de notre enfant à l'école.

Les règles à l'école et à la maison

Jusque là, l'enfant a évolué dans un cercle relativement restreint et il s'est habitué au comportement des gens qui l'entourent. Il sait ce qu'on attend de lui. Il a probablement déjà quelques rudiments d'écriture et de calcul. Il se sent à l'aise dans des petits groupes. L'entrée à l'école primaire signifie un grand changement dans ses habitudes, encore que la première année, dans beaucoup d'écoles, est une année d'accueil qui permet de faire en douceur la transition entre l'école maternelle et l'école primaire. Malgré tout, ce changement prend des allures dramatiques pour beaucoup d'enfants. La simple routine de former un rang pour aller en récréation peut être source de détresse. Il y en a toujours un qui veut être le premier dans le rang et, inévitablement, certains bousculent et poussent les autres. Il découle de cette hiérarchie créée par la place du premier, des dissensions entre les enfants. La cour de récréation peut être le lieu de beaucoup de drames car les enfants qui ont été obligés de se tenir tranquilles en classe ont enfin l'occasion de lâcher la bonde et certains le font violemment.

L'enfant un peu timide qui n'est pas intégré dans la bande des petits copains, peut se sentir très solitaire. Jeanne a très envie de jouer avec les autres, mais elle n'ose pas s'imposer. Elle attend qu'on l'invite alors que les autres, tout à leur jeu, n'ont même pas remarqué qu'elle était seule. L'intervention d'un adulte serait bienvenue pour régler ce problème, mais souvent c'est le groupe qui mobilise l'attention aux dépens de l'individu. A la «récré», l'enfant peut aussi rencontrer des problèmes avec «les grands» auxquels il se trouve soudain confronté. A l'école maternelle, il était «un grand» et voilà que le passage à l'école primaire l'a relégué brutalement au rang de «petit».

L'enfant doit apprendre à acquérir plus d'indépendance et de sang-froid. A la maternelle, on pouvait faire plus de bruit et on avait une certaine liberté de mouvement, car on avait le choix entre plusieurs activités : la peinture, le jeu de construction, la maison de poupées, la lecture par petits groupes. On n'était pas obligé de rester tranquille sur sa chaise. A présent, il faut rester assis sans bouger. Il faut écouter et rester concentré.

Il n'est pas facile de s'adapter à ces nouvelles règles, qui ne sont pas toujours très claires. Certaines sont explicites, comme «Il est interdit de courir dans les couloirs». D'autres, plus nuancées, sont plus difficiles à cerner : on permet à l'enfant de dire un mot à son voisin, mais on le réprimande s'il crie à travers toute la classe. Il doit apporter et prendre soin de son matériel et ne peut se servir indifféremment de tout ce qui est à sa portée. On attend de l'enfant qui entre à l'école primaire, un certain degré d'autodiscipline pour assimiler et respecter ces nouvelles limites.

Le but principal de l'école, c'est l'apprentissage. L'enfant doit consacrer son énergie et son attention à une tâche bien spécifique. Ses expériences passées influeront énormément sur la façon dont il abordera ce nouveau défi. Eva Holmes est une psychologue qui a mené des recherches sur des enfants très défavorisés placés en institution. Elle nous dit : *«Un enfant qui a été élevé dans son milieu familial, a tendance à considérer que le maître s'intéresse et s'adresse à lui personnellement quand il parle à toute la classe, tandis qu'un enfant élevé en institution aura plutôt tendance à considérer que l'adulte s'adresse au groupe et qu'il n'est donc pas nécessairement concerné personnellement.»*

Pour qu'un enfant s'intègre bien à l'école, il faut qu'il se sente engagé dans une relation de confiance avec son instituteur, comme il l'est,à la maison, avec ses parents. L'instituteur des petites classes est souvent confronté à, au moins, dix enfants qui veulent tous lui raconter leur histoire ou répondre à ses questions. Il est très difficile de donner à chacun l'occasion d'être écouté à son tour, tout en tenant compte de ceux qui ne se mettent pas en avant. L'enfant qui lève le doigt et qu'on n'interroge pas, peut se sentir ignoré et frustré, un peu comme si, après avoir été l'enfant chéri, principal centre d'intérêt à la maison, il était tout à coup devenu transparent. Il peut ressentir très fort la différence de traitement entre la maison et l'école.

Je ne suis plus un bébé !

Le jeune écolier a du mal à assimiler les règles et à comprendre quand et où elles s'appliquent. Il sent le besoin de règles et, en même temps, rechigne à les respecter. Il continuera, par exemple, à demander la permission d'aller aux toilettes quand il est à la maison, ce qui est un peu lassant pour la mère qui trouve qu'il exagère. On dirait qu'il pose la question parce qu'il a besoin de se sentir qu'il en a la permission et qu'il respecte le règlement. C'est aussi un moyen de démêler le règlement de l'école de celui de la maison. Il arrive que l'enfant se trompe et appelle sa mère du nom de l'institutrice et vice-versa.

A l'école, l'enfant doit écouter le maître, s'intégrer au groupe et obéir à plus de règles qu'à la maison. Il sera fier d'y arriver et aura le sentiment d'être devenu grand. Si cela n'est pas reconnu à la maison, si on continue à le traiter comme avant, il pensera que son statut de «grand» est précaire, se sentira diminué et il protestera : «Je ne suis plus un bébé !». Il veut quitter le monde des tout-petits et faire partie intégrante du monde des plus grands. Pour lui, être un bébé signifie peut-être être idiot, malpropre et ne pas pouvoir se contrôler. Les adultes, souvent, le confortent dans cette idée quand ils disent : «Allons, ne fais pas le bébé.» Parfois l'enfant se sent un peu bébé, mais le traiter comme tel peut freiner ses velléités d'indépendance. Il faut que les parents soient attentifs à cela et admettent que l'enfant évolue.

L'enfant qui a du mal à s'habituer à l'école et à son règlement, aura tendance à se rebeller à la maison, là où cela présente moins de risques. Il peut s'être très bien tenu à l'école et, une fois rentré à la maison, se comporter comme un bébé hargneux, coléreux et capricieux. L'enfant peut aussi avoir envie d'être materné quand il rentre à la maison. Il fait une sorte de régression, demandant de l'aide pour toutes sortes de choses : il refusera par exemple de manger tout seul. Cela inquiète les parents qui se demandent si leur enfant grandira jamais.

EST-CE BIEN LE MÊME ENFANT ?

Beaucoup d'enfants ont un comportement très différent à l'école et à la maison. Quand ils entendent d'autres personnes parler de leur enfant, les parents ont souvent l'impression qu'il s'agit d'un étranger.

Pierre a cinq ans et vient de commencer l'école. Il rentre toujours dans un état d'agitation extrême. En chemin, il exige qu'on lui achète quelque chose à boire et à manger comme s'il ne pouvait attendre dix minutes de plus, que l'on soit rentré à la maison. Il pleurniche, harcèle sa mère, la tire par la manche tout au long du chemin. Sa mère, qui se réjouissait de le retrouver à la fin de la journée, en a vite assez de ce comportement qui l'inquiète. Pourquoi fait-il l'enfant gâté ? S'il ne peut attendre dix minutes, comment diable se débrouille-t-il toute une journée à l'école ? Est-il aussi difficile avec la maîtresse ? Pour remédier à cette situation, la mère emporte une collation quand elle va chercher Pierre à l'école. Cela marche pendant quelques jours, puis il commence à s'énerver pour d'autres choses : il s'impatiente si elle ne comprend pas tout de suite ce qu'il dit ou si elle ne compatit pas suffisamment à quelque petit malheur qui lui est arrivé à l'école. Pierre est maussade et triste, et tout ce que sa mère essaie de faire pour lui faire plaisir est vain. A la maison, ce n'est guère mieux : l'enfant pique des crises de colère, se jette sur le fauteuil, donne des coups de pied dans le vide et tente même de mordre sa mère qui, très inquiète, décide d'aller voir la maîtresse.

Elle apprend que Pierre est très agréable à l'école, très studieux et poli. Il est attentif et concentré. Il s'est fait des amis à la récré. Il se fatigue assez facilement, mais à part cela, la maîtresse trouve que l'enfant n'a aucun problème.

En parlant de tout cela avec sa mère, il m'apparut qu'elle ne pouvait croire que le Pierre de l'école et le Pierre de la maison étaient le même petit garçon. En fait, le Pierre de l'école ressemblait à celui qu'elle avait toujours connu. Elle avait le sentiment d'avoir perdu *son* Pierre, ce petit garçon avec qui elle avait passé tant de temps à jouer, se promener, peindre, dessiner. Il lui arrivait même de lui demander : «Où est passé mon Pierre ?», question commune aux parents qui voient leur enfant changer.

Pour arriver à comprendre ce qui se passait entre l'enfant et elle, nous avons tenté d'imaginer ce que ressentait Pierre.

De même qu'elle regrettait leur entente passée, Pierre aussi devait se sentir dépossédé. La maman qui était toujours là quand il s'était fait mal, quand quelqu'un l'embêtait ou quand il avait une question à poser, cette maman-là n'était pas à l'école. Cependant, il aimait l'école, être au milieu d'amis, nouer des relations. Il semble qu'il arrivait à se contrôler tout au long de la journée à l'école, en partie parce qu'il s'y amusait, en partie parce qu'il était désireux de bien faire. Comme on l'y avait préparé de façon positive à la maison, il avait eu un bon contact avec la maîtresse. Tout cela fait que, dans l'ensemble, il se sentait bien à l'école. Mais arrivé en fin de journée, il était épuisé et donc vulnérable. Revoir sa mère lui rappelait qu'elle lui avait manqué. Il sentait le poids de la tension subie pendant la journée et l'en tenait pour responsable : c'est elle qui l'obligeait à subir tout cela en l'envoyant à l'école. Ce flot d'émotions contenues se libérait tout à coup au moment des retrouvailles. A cet instant, c'est un peu comme si le «grand garçon» qui était en lui et qui se débrouillait bien à l'école, cédait le pas au «bébé» qu'il n'avait pas tout à fait cessé d'être. Cette dualité se retrouve tout au long de l'école primaire et même tout au long de la vie, particulièrement en période transitoire ou de stress.

Comment peut-on aider Pierre et sa mère ? Voyons d'abord comment l'enfant se sent à l'école. Ses réactions violentes vis-à-vis de sa mère pourraient donner à penser qu'il y est très malheureux. Mais nous avons établi qu'il s'y était bien habitué et s'y sentait plutôt heureux. Les craintes de la mère sur la conduite de son fils à l'école furent apaisées. Mais cela ajouta à son désarroi. Elle ressentait une pointe de jalousie envers la maîtresse que Pierre semblait fort apprécier. Elle se sentait dépossédée de son image de mère généreuse au profit de l'institutrice, ce qui rendait les choses encore plus pénibles. Nous avons discuté de ce qui aide l'enfant à se sentir à l'aise à l'école et avec la maîtresse, et il apparut que Pierre avait été très bien préparé à la maison. J'ai fait remarquer que c'est grâce à cela que Pierre progressait à l'école en confiance, persuadé que la maîtresse était là pour l'aider. La bonne relation mère-fils avait favorisé la bonne relation maîtresse-élève. Elle fut rassérénée quand elle comprit qu'elle avait aidé son fils à pouvoir se débrouiller sans elle. Cela recadra l'image qu'elle avait d'elle-même. Quand nous eûmes observé que le sentiment d'avoir perdu l'autre était partagé, elle retrouva l'image de quelqu'un de bon et qui manque à son petit garçon. Elle put ainsi mieux comprendre et admettre le sentiment d'abandon que son fils éprouvait. L'entrée à l'école avait changé leur vie à tous deux. Il fallait que leur relation évolue. Ils avaient perdu quelque chose, mais ils allaient découvrir d'autres choses.

Après avoir démêlé ces sentiments et compris ce qui se passait, les choses ont commencé à aller mieux. Sa mère retrouvait toujours un Pierre grincheux à la sortie de l'école, mais elle y était préparée et tenait compte de sa fatigue et de sa faim, en étant la maman qui était là pour lui, malgré sa mauvaise humeur. Elle se sentit moins critiquable et impuissante, et l'enfant put puiser des forces dans sa sérénité et sa patience. Avec le temps, Pierre trouva son rythme à l'école. Il fut moins fatigué, sans doute parce qu'il était plus détendu et ne devait plus fournir de gros efforts pour se contrôler.

Cette histoire nous apprend comment, obnubilé par l'inquiétude, la séparation, le sentiment d'être rejeté, on peut ignorer les souffrances de l'autre. On entre dans un jeu de reproches et de mécontentement mutuels qui nous éloigne l'un de l'autre, alors que paradoxalement, c'est la perte de notre complicité que nous pleurons.

Un des objectifs que nous poursuivons en établissant des limites, en disant «non», est d'aider au développement et à l'évolution de l'enfant. Ceci implique que nos méthodes doivent évoluer également. Cela ne se fait pas toujours dans le sens où nous l'attendions. C'est à nous, parents, de réfréner notre envie d'imposer à l'enfant nos méthodes. Laissons-lui ses méthodes propres pour aborder et assimiler ces changements.

Pour un enfant, gérer la cohabitation de deux personnalités contradictoires n'est pas de tout repos. Il n'est pas facile de réconcilier l'enfant raisonnable qu'il est à certains moments avec le bébé exigeant qu'il devient à d'autres moments.

> Claire vient d'avoir cinq ans. Elle est partie en vacances en Italie avec ses parents et ses frère et sœur plus âgés. Ils visitent des musées, dînent au restaurant et sont très actifs. Ses parents sont impressionnés par l'intérêt que manifeste l'enfant. Un seul problème : le Mickey Mouse qu'elle vient de recevoir. Il faut s'occuper de lui constamment. Il faut qu'il ait une place au restaurant, qu'on lui traduise l'italien, qu'on s'assure toujours de son bien-être. C'est la panique si on égare sa couverture... Les exigences de la petite fille pour son Mickey Mouse finissent par exaspérer la famille entière qui a envie de crier : «Mais bon sang, ce n'est qu'un jouet !» C'est en mer, sur le bateau, quand ils s'aperçoivent que la petite fille transfère sur le jouet ses propres inquiétudes, qu'ils comprennent ce qui se passe. Loin de la maison, de son lit, de toutes ses petites habitudes, la fillette se sent perdue et exprime ce dépaysement par l'intermédiaire du jouet. Quand ils comprennent qu'ils s'occupent de Claire en s'occupant de Mickey, la vie devient plus facile.

Pendant ses années d'école primaire, l'enfant va naviguer entre autonomie et dépendance, raison et crise, assurance et sentiment d'insécurité. Pour les parents, il est difficile de trouver le juste équilibre pour respecter son indépendance tout en étant prêts à l'aider en cas de besoin, sans, cependant, qu'il se sente infantilisé. Selon le niveau et le moment où nous fixons les limites, il se sentira humilié ou protégé. La thèse développée dans ce livre est que le «non» aide à construire et non à réprimer, mais il est important de mesurer l'impact d'un «non» sur l'enfant qui acquiert de plus en plus de confiance en soi.

La raison et la logique

En France, on dit que sept ans est l'âge de raison, que l'enfant devrait alors être capable de décider et d'agir raisonnablement. On voit des enfants de cet âge discuter et défendre leur point de vue. Ils se targuent d'être logiques et détestent être considérés comme écervelés ou gouvernés par leurs émotions. Il est important pour le bon développement de l'indépendance de l'enfant, d'en tenir compte. Il n'en demeure pas moins que parfois la raison cède le pas à la passion. Ma fille Holly, cinq ans, s'est violemment disputée avec son amie Sassy à propos des origines du monde. Sassy affirmait que Dieu était à l'origine de la création de l'univers et Holly, elle, disait que c'était le big bang. Certaine de détenir «le savoir», chacune d'elles campait sur ses positions, et l'énigme des origines de l'humanité était passée tout à fait au second plan.

Souvent, de très jeunes enfants débattent de questions majeures qui leur sont presque totalement étrangères, mais qui leur semblent primordiales parce qu'elles les intègrent dans le monde adulte de la pensée et du langage. Par ailleurs, ils veulent être pris au sérieux, car ils sont sûrs d'avoir raison, même si les preuves qu'ils apportent n'ont de valeur que pour eux. Johanna, une copine âgée de six ans, était sûre qu'il n'y avait pas d'éléphants en Europe. Elle refusa de croire d'autres enfants qui lui affirmaient en avoir vu au zoo. On demanda mon arbitrage, et j'ai essayé d'expliquer que l'éléphant n'était pas originaire d'Europe mais qu'il y en avait au zoo, et que donc tout le monde avait raison. Mais Johanna ne fut pas satisfaite pour autant et sortit sa botte secrète en nous affirmant qu'elle était sûre d'avoir raison car la coiffeuse de sa mère l'avait dit. Troublée, je lui demandai si la coiffeuse de sa mère était spécialiste des éléphants. Elle me répondit : «Elle en sait plus que toi parce qu'elle est plus vieille.» Enfants, nous nous sommes tous entendu dire un jour que nos aînés savent tout mieux. Il ne faut donc pas s'étonner qu'un enfant appelle cet argument au secours de sa thèse.

Les questions d'honnêteté, de justice et de droit sont très importantes à cet âge. Quand l'enfant rejette le côté bébé turbulent et débridé de sa personnalité, il fait grand cas de son habileté à discuter et raisonner. Un désaccord peut être considéré comme une atteinte à son intégrité. Il peut être affolé s'il se sent incompris, comme si son existence même était en question. C'est aussi une période où l'enfant apprend à s'entendre avec les autres et avoir une conscience. En fait, il veut bien faire et peut se montrer très sévère avec les aspects des autres ou de lui-même qu'il méprise. Bruno Bettelheim observe comment, inconsciemment, nous renforçons cette dualité.

Il y a, selon Bettelheim, un refus général d'apprendre à l'enfant que la cause de la plupart des choses qui ne vont pas dans la vie, est à rechercher dans notre nature profonde et que la colère ou la peur pousse l'homme à être agressif, asocial ou égoïste. Il ajoute que nous préférons faire croire à l'enfant qu'intrinsèquement, les hommes sont toujours bons. Mais l'enfant sait, lui, qu'il n'est pas toujours bon et que souvent, quand il l'est, il aurait plutôt envie de ne pas l'être. Ceci contredit ce que disent ses parents. Et Bettelheim de conclure que l'enfant passe alors pour un monstre à ses propres yeux.

A cet âge, les disputes véhiculent une grande charge émotionnelle. Elles ne concernent pas simplement ce qui fait problème, mais semblent mettre en question l'identité même de l'enfant. Il faut se souvenir de cela dans nos interventions. Quand nous exprimons notre désaccord, ressent-il cela comme quelque chose de ponctuel ou comme un jugement négatif concernant toute sa personne ? De même, lorsqu'il se conduit de façon déplaisante, considérez-vous cela comme un incident ou toute sa personnalité vous semble-t-elle impliquée ?

Les conflits

Les conflits concernent souvent l'heure du dîner, l'heure du coucher, la télé, les devoirs, les comparaisons avec les frères et sœurs ou les amis… Voyons quelques exemples et examinons ce qui se passe chez les parents et chez l'enfant pour comprendre et chercher comment aborder les difficultés qui sont toutes relationnelles. Chaque partie apporte sa contribution et a un impact sur l'autre partie. C'est pour cela que tantôt nous devons dire non à l'enfant et tantôt nous devons dire non à nous-mêmes.

LES RIVALITÉS FRATERNELLES

En entrant à l'école, l'enfant doit s'intégrer à un cercle plus large que le cercle familial. Comment y trouve-t-il sa place ? Va-t-il se tailler une place en jouant au caïd, ce qui attire et excite les autres ? Est-il brutal pour lutter contre sa propre peur ? S'il est le benjamin à la maison, pense-t-il qu'à l'école aussi il doit se bagarrer pour défendre sa place ? Reste-t-il en retrait et observe-t-il les autres passivement ? A-t-il du mal à tenir le rythme et se sent-il lâché ? Il y aura autant de réactions qu'il y a d'enfants. Nous, parents, avons un rôle important à jouer pour aider l'enfant à accomplir cette transition.

Souvent, la situation à l'école est le reflet de ce qui se passe à la maison. L'enfant reproduit à l'école les bagarres qu'il a avec ses frères et sœurs à la maison. A l'inverse, la maison peut devenir l'endroit où les conflits de l'école trouvent leur prolongement et leur conclusion. La relation entre frères et sœurs peut devenir très tendue, et la rivalité plus importante. Dans le chapitre 2, nous avons vu que le petit enfant a du mal à s'habituer à la présence d'un nouveau bébé ou à trouver sa place parmi ses frères et sœurs plus âgés. A l'école primaire, la nécessité de trouver sa place dans le groupe éveille un sentiment d'insécurité qui peut s'étendre à la maison. Il peut y avoir des reproches de favoritisme. Les parents se voient accusés de préférer l'aîné ou le cadet. Lorsque cela arrive, il faut se souvenir que l'enfant qui doit se faire une place à l'école, cherche auprès de vous la confirmation qu'il a bien sa place à la maison.

> Georges (8 ans) est le deuxième de trois enfants. Sa mère consacre énormément de temps à sa petite sœur de trois ans, et son grand frère de treize ans passe les week-ends avec ses amis. Georges se sent exclu. Il a de grosses disputes avec sa mère. Il dit qu'il est injuste qu'elle ne joue pas avec lui, alors qu'elle refuse de le laisser sortir. Il se sent frustré. Il lui arrive souvent de frapper sa petite sœur ou d'embêter son grand frère.

Il est évident que Georges trouve que ses frère et sœur ont des privilèges que lui n'a pas. C'est une période difficile pour lui : il est trop âgé pour que sa mère s'occupe de lui comme de sa sœur, et il est trop jeune pour avoir le droit de partir avec ses amis comme le fait son grand frère. Sa mère doit trouver le juste milieu pour lui fixer des limites. Il a besoin de bénéficier de certains privilèges de sa petite sœur aussi bien que de son grand frère, mais il est aussi nécessaire de lui fixer des limites qui lui sont propres.

Beaucoup de parents et d'enfants trouvent que la justice est respectée quand tout le monde obtient la même chose. Cependant, il est clair que ceci n'est ni possible ni opportun. Les parents ont la tâche très délicate de trouver ce qui est juste pour chacun des enfants. Traiter les besoins et souhaits de tout le monde – y compris les nôtres – et parfois mécontenter tout le monde fait partie de la vie de tous les jours.

Il est bon que l'enfant puisse exprimer et faire entendre ses doléances. Ce qui ne veut pas dire qu'on lui accordera automatiquement ce qu'il demande. Agacer continuellement ses frères et sœurs ne lui apporte souvent aucun résultat. La mère qui empêche son enfant de se comporter en tyran à la moindre occasion, l'aide à contrôler ses pulsions. Dans le chapitre 2, nous avons vu que l'enfant qui peut donner libre cours à sa violence, se sent en danger. Il se sent à la fois malheureux d'être méchant et inquiet de savoir qu'il n'y aura personne pour le protéger en cas de besoin.

Ceci est vrai également dans des situations voilées de domination. Un aîné peut materner sa jeune sœur en la traitant comme une poupée. Cette attitude peut servir d'exutoire à sa propre agressivité. Singer l'attitude des adultes est aussi une façon de se démarquer de ses propres sentiments infantiles. Il est inévitable que des bribes de ce genre de comportement se manifestent, mais si cela domine la vie de la petite sœur et que la mère est incapable d'intervenir, les deux enfants en souffriront. Cela bride l'évolution de la petite, et encourage le plus grand à devenir un tyran.

Il arrive aussi communément qu'un enfant fasse une fixation sur tout ce que les autres possèdent ou font.

> Grégory (9 ans) m'a été envoyé parce qu'il est un élément perturbateur en classe. Il est souvent puni parce qu'il est toujours à harceler les autres, à se mêler de tout. Pendant nos séances, il est si préoccupé de savoir quels autres enfants viennent me voir qu'il ne peut penser à autre chose. Il examine chaque cm^2 de la pièce pour y trouver la trace d'autres enfants. Il élabore des pièges compliqués avec de la ficelle et de la pâte à modeler pour vérifier si quelqu'un d'autre est venu depuis sa dernière visite et le piéger. Il essaie de me soutirer des informations sur mes autres patients. Il est incapable de dépasser son obsession. Il passe tout son temps à imaginer ce que les autres font ou possèdent, ce qui ne lui laisse guère le loisir de s'occuper de son monde à lui. Depuis quelque temps, il apporte des capsules de coquelicot pleines de graines, qu'il ouvre et examine. Il me voit un peu comme cela : pleine de graines – d'autres enfants – qui me remplissent complètement sans lui laisser de place. Comme il passe toute la séance à se préoccuper des autres, les autres encombrent tout l'espace de temps que nous passons ensemble. Il est impossible pour lui dans ces conditions de se sentir unique. Tant qu'il s'inquiète de savoir ce que les autres enfants font ici, il est difficile de l'amener à penser à ce que lui-même aimerait y faire.

Ces enfants qui ne sont pas sûrs d'occuper une bonne place dans vos pensées, qui sentent que vous êtes toujours préoccupé par d'autres, sont amenés à vouloir supprimer les rivaux. Cela crée des problèmes à l'école, comme dans le cas de Grégory qui s'attaquait aux autres enfants. Un enfant comme Grégory peut interpréter un «non» comme un rejet de sa personne en faveur de quelqu'un d'autre. Il était important que je me focalise sur lui uniquement, et que cela soit clair pour lui. Je devais dire avec force : «Non, je ne te dirai pas ce que les autres font ici, mais je voudrais savoir ce que toi tu penses qu'ils font ici et surtout ce que toi tu aurais envie d'y faire.» Il fallait aussi lui montrer que je comprenais combien c'était pénible pour lui d'ignorer ce que les autres enfants faisaient ici, tout en m'en tenant au refus de l'informer sur ce sujet. A ne pas vouloir parler d'eux, ni dire qui ils étaient ou pourquoi ils venaient, je lui donnais l'assurance que sa séance à lui était aussi protégée. Je lui ai expliqué que même soumise à forte pression, je n'admettrais pas qu'il viole l'espace des autres. Ni que les autres violent le sien. Il prit enfin conscience qu'on pouvait consacrer du temps rien qu'à lui.

Dans le cas de Grégory, la curiosité n'est pas le motif de ses questions, non plus qu'une quête du savoir. Il s'agit plutôt de fouiller pour trouver des informations qu'il pourrait utiliser contre les autres. Dans une famille aussi, il arrive qu'on pose ce genre de questions, mais nous devons veiller à préserver l'intimité de chacun. On ne doit pas impliquer tout le monde dans chaque conversation. Faire accepter cela par l'enfant est un exploit et nous verrons dans le chapitre 4 combien cela est difficile pendant l'adolescence.

Si la règle au sein d'une famille est que chacun a droit au respect, que personne ne peut être désagréable ou brutal, l'enfant pourra, à l'école, gérer son mal-être et se contrôler. Lui dire «Non, tu ne peux pas te comporter comme ça avec moi (ou ta sœur, ou ton frère)», l'incite à trouver d'autres moyens de répondre à une contrariété ou une frustration. Cela l'aide à bien réagir quand il se trouve confronté à une provocation venant de ses camarades. Dans le chapitre 2, nous avons vu qu'il est important de garder le respect de soi-même. Ne pas admettre, en tant que parent, de vous laisser maltraiter en est un exemple. Il montre que l'image que vous avez de vous-même ne souffre aucune insulte. Ceci encouragera l'enfant à faire de même. Si, à l'école, on le taquine, si on l'exclut, si on le harcèle, votre attitude lui servira de modèle pour ne pas devenir la victime des camarades de classe. Nous avons constaté combien certaines personnes – adultes ou enfants – semblent provoquer la dérision et se complaisent dans le rôle de victime. Très jeune, l'enfant est capable de développer un puissant sentiment d'amour-propre qui l'empêchera de se faire dominer.

Le sens du temps

Pour l'enfant qui entre à l'école, le temps prend tout à coup de l'importance. Chez un bébé, la notion de temps est fonction de sa seule expérience. Pour le bébé affamé qui attend la tétée, cinq minutes sont une éternité. L'enfant de trois ans qui a joué tout un après-midi au parc, peut piquer une crise quand il faut rentrer, car il a l'impression qu'il vient d'arriver. A l'école, la journée est rythmée par l'alternance des leçons, des récréations, des repas. Une leçon peut sembler beaucoup plus longue qu'une autre, mais l'enfant sait qu'elles ont la même durée. S'installe aussi l'habitude de respecter un horaire. Tout est réglé strictement : l'heure du départ pour l'école, l'heure du dîner, l'heure du coucher.

Les parents attendent de l'enfant qu'il respecte un horaire. Mais l'enfant de cet âge a une notion du temps plutôt sélective : quand il demande quelque chose, le mot clé est «maintenant» et, quand on lui demande quelque chose, c'est «plus tard», ce qui signifie souvent jamais. Ceci est un autre aspect de la situation ambiguë de l'enfant qui n'est plus tout à fait un bébé et pas encore indépendant. Il apprend à se maîtriser, mais il a encore du mal à attendre. Ses souhaits sont pressants. Si on lui répond «Attends», – c'est-à-dire «non» dans l'immédiat –, nous lui demandons de réfréner son envie ou de se trouver un moyen de la satisfaire par lui-même. Il ne faut pas cependant qu'une attente trop longue tue l'envie : nous finirions par éteindre l'enthousiasme naturel de l'enfant. Il faut trouver un juste milieu. L'attente peut provoquer l'irritation, l'embarras, la colère ou le désespoir, autant de sensations que l'être humain est forcément amené à éprouver dans sa vie et qu'il est bon d'apprendre à connaître.

Il est intéressant d'étudier l'attente qui est une expérience pleine de contradictions. Vous attendez parce que vous souhaitez quelque chose. Cependant, les choses peuvent mal tourner. Par exemple, récemment, ma fille voulait un câlin avant de s'endormir. Comme j'étais très occupée, je n'ai pu la satisfaire tout de suite. Vingt minutes plus tard, elle est venue me trouver, furieuse, pour déposer ce mot : «Il est 9 heures. Je te déteste.» Dans l'intervalle, la maman gentille et câline était devenue détestable. Heureusement, cela s'est vite arrangé.

La répétition de ce genre d'expérience aide l'enfant à admettre que chacun a sa vie. D'un point de vue plus philosophique, ces expériences nous apprennent aussi comment nous supportons l'absence, l'attente, l'éloignement. Préservons-nous l'image positive de la gentille maman qui nous manque ou la transformons-nous en image négative ? Comment percevons-nous celle qui nous cause du chagrin ? Revoyons-nous notre jugement lorsqu'elle revient ? Ces questions restent pertinentes durant toute notre vie, et nous y reviendrons dans la postface à propos du couple. Dans le cas de ma fille, elle s'est trouvée confrontée à son ambivalence. Le psychanalyste Ron Britton écrit : *«Quand nous reconnaissons avoir à la fois de la haine et de l'amour pour une seule et même personne, nous nous sentons sincères et réalisons la profondeur de nos relations.»*

Vu sous cet angle, dire «non» n'est pas cruel, mais inhérent à l'individualité. La relation n'est possible qu'entre des individus distincts. La mère qui dit oui à tout ce que l'enfant demande, lui donne l'illusion qu'elle est un prolongement de lui-même destiné à satisfaire tous ses besoins. En progressant dans la relation, nous devons admettre nos différences : ce qui me plaît peut te déplaire. En apprenant à admettre cela, l'enfant prend conscience de l'autre en tant qu'individu qui a des sentiments propres. Cela lui servira à l'école et dans la vie. Beaucoup d'adultes n'ont pas compris qu'on ne peut gérer les différences en obligeant l'autre à vous ressembler. On le voit dans de nombreux problèmes conjugaux. C'est durant l'enfance que l'on peut apprendre à maîtriser son égoïsme.

Le temps n'est pas perçu de la même façon par tout le monde. Comment vivons-nous ces différences ? Votre enfant vous a demandé de jouer avec lui au Nintendo. Après une demi-heure, vous décidez d'arrêter pour faire autre chose. Il se fâche, disant que vous ne voulez jamais jouer avec lui. Vous répliquez que vous venez de le faire. Il rétorque : «Ça ne compte pas, on avait à peine commencé.» Sur le plan émotionnel, les deux ont raison. Vous demandez à votre enfant de ramasser et de ranger ses affaires. Il dit qu'il le fera plus tard. Le soir venu, ses vêtements traînent toujours. Il a l'intention de les ramasser, mais son «plus tard» ne correspond pas au vôtre car il peut signifier «un jour ou l'autre». Il faut négocier.

Ces discordances, qui font partie de la vie quotidienne, nous apprennent à vivre ensemble. Nous devons admettre nos différences comportementales et aussi affectives.

LES ATTENTES

Pour mieux comprendre l'autre, nous essayons parfois de nous mettre à sa place. C'est un moyen commode d'imaginer ce qu'il peut ressentir, souhaiter ou vouloir communiquer. Mais parfois nous nous sentons tellement différent de l'autre, et même de notre propre enfant que nous nous disons : «Comment peut-il être aussi différent de moi ?» Il est alors très important de l'observer pour comprendre ce qu'il nous dit vraiment, plutôt qu'imaginer ce que nous aimerions l'entendre dire.

> Joëlle craint que sa fille Zoé (10 ans) ne devienne «accro» de la télévision. Pour la maman, la «télé» est le moyen de se relaxer et de se réconforter après une dure journée de travail : elle s'installe confortablement et regarde distraitement n'importe quoi pendant des heures. Elle craint, par conséquent, que Zoé reste «scotchée» à l'écran sans rien faire d'autre. Elle interdit la télévision à sa fille en semaine. Ceci provoque bien des conflits, mais Joëlle n'en démord pas. Joëlle a une sœur qui voit les choses autrement et chez qui Zoé passe beaucoup de temps le week-

end. Chez sa tante, Zoé aime se détendre une demi-heure devant le petit écran, puis elle s'en va jouer avec ses cousins le reste de la soirée. Convaincue par sa sœur, Joëlle tente d'être plus accommodante en laissant sa fille regarder la télé plus souvent. Comme sa tante l'avait annoncé, Zoé se contente de moments de télévision très limités pour se consacrer ensuite à d'autres activités.

La décision de Joëlle se fondait sur la supposition que sa fille ferait comme elle. Dire «non» avec fermeté est parfois indispensable, mais il faut se garder d'opposer à l'enfant un refus qui n'est pas pleinement justifié. Ici, il semble bien que Joëlle était sévère avec sa fille, faute de réussir à l'être avec elle-même. En matière de télévision, Zoé se montrait plus raisonnable que sa maman.

Willy, lui aussi, est très différent de ses parents, des gens efficaces et bien organisés.

Le matin, Willy (7 ans) est toujours en retard : tantôt il ne retrouve plus une chaussure, tantôt il a égaré sa trousse... Les parents de Willy ont du mal à admettre que leur fils est tellement brouillon, si différent d'eux. Ils sont irrités, mais ils ne cherchent pas à résoudre le problème. Le soir, Willy veut jouer le plus tard possible et est alors trop fatigué pour ranger ses affaires ou pour préparer son cartable. Ses parents laissent faire.

Ses parents ne vivent pas au même rythme que Willy. Ils pensent que ses petits matins sont calmes et paisibles, comme c'est le cas pour eux. Le côté répétitif des choses n'empêche pas les parents d'être surpris chaque matin : «Je crois rêver, il est encore en retard ! Comment mon enfant peut-il être aussi désorganisé ?» Ils ne comprennent pas que Willy est différent et n'arrive pas à s'organiser, qu'il lui faut du temps pour faire les choses et qu'il a besoin qu'on l'aide.

Il nous arrive à tous d'être surpris par des événements qui se produisent pourtant régulièrement. Nous devons alors nous demander pourquoi nous ne tirons pas de leçons de nos expériences passées et continuons à faire les mêmes erreurs. Dans l'exemple, on voit que les parents ont du mal à voir que Willy n'est pas comme eux, et cela les empêche de lui dire «non» le soir lorsque l'enfant veut jouer au lieu de préparer ses affaires pour le lendemain. S'ils voyaient Willy tel qu'il est vraiment, ils devraient reconnaître qu'il éprouve des difficultés à gérer son temps, et s'assurer qu'il s'organise la veille, même si cela provoque quelques heurts. Heurts qui seront moins gênants que le chaos matinal quotidien.

Ce sont souvent les espérances que nous fondons sur notre enfant qui déterminent les exigences que nous aurons. Les conflits naissent quand nos attentes s'opposent à l'attitude de l'enfant. Nous voulons refuser sa manière de faire et imposer la nôtre. Ce que nous voudrions que l'enfant soit, s'oppose à ses aspirations personnelles. Quels sont pour nous les critères de la réussite ? Nous attachons une énorme importance à la réussite scolaire de nos adolescents en particulier mais, dès l'école primaire, on attend de l'enfant qu'il ait de bonnes notes, qu'il fasse bien ses devoirs et apprenne ses leçons, car les lauriers de la réussite ou la honte de l'échec sont au bout du chemin. Mais voulons-nous que l'enfant fasse mieux que les autres élèves de la classe, ou voulons-nous qu'il fasse le mieux possible avec les moyens qu'il a ?

A la maison, après l'école, il arrive souvent qu'un enfant se fasse expliquer un problème de mathématique par une maman exaspérée qui ne voit pas comment on peut ne pas comprendre une chose aussi simple. Elle se fâche, imaginant que l'enfant y met de la mauvaise volonté ou de la provocation. L'enfant se vexe et n'écoute plus, et la frustration s'installe... La scène peut se reproduire le lendemain et, de nouveau, piéger la mère comme l'enfant. «Si seulement il m'écoutait», se dit la maman. L'enfant sait bien qu'elle est déçue, et se sent bête. Il protestera peut-être et demandera qu'on le laisse tranquille.

Nos attentes peuvent entraver son rythme et sa manière d'apprendre. Nous nous sentons impuissants quand l'enfant ne progresse pas, frustrés quand il refuse nos conseils. Nous nous inquiétons de son avenir. Et le problème de math tourne au conflit relationnel entre la mère et l'enfant. Un jour, une de mes amies, poussée à bout, déclara à son fils : «Les gens me paient des milliers de francs pour recevoir mes conseils. Toi, tu peux les avoir gratis, et tu n'en veux pas !» A ces moments-là, il faut que la mère prenne du recul pour ne pas se laisser entraîner dans un conflit engendré par sa propre frustration. Elle est mieux placée que l'enfant pour s'en tenir là et ne pas se laisser empêtrer dans la grande problématique des relations mère-enfant. Si elle y parvient, elle sera bien plus efficace.

Parfois, l'enfant doute de ses capacités à atteindre des objectifs qu'il trouve trop ambitieux. Ceci, évidemment, influe en retour sur ses possibilités d'assimilation. Voici un extrait du compte-rendu d'une observation en classe, portant sur Alex, un écolier de onze ans.

> Les enfants entrent en classe et vont s'asseoir tranquillement. Alex joue avec des pièces de monnaie. Il se déambule et n'écoute rien. L'institutrice lui demande de s'asseoir. Il obéit et écoute un moment pendant qu'elle explique une activité. Il demande s'il faudra prendre des notes ensuite. L'institutrice perd patience : «Alex, nous faisons cela depuis trois mois et tu n'es toujours pas au courant ! Je n'ai pas le temps de répondre à des questions idiotes !» Alex se met à gigoter, puis recommence à jouer avec les pièces. Quand l'institutrice essaie de lui parler, il détourne la tête.

Alex est inquiet et perturbé. Il a la bougeotte. Il veut participer, mais il le fait maladroitement en posant une question dont il devrait connaître la réponse, ce qui irrite l'institutrice. Il se décourage et se laisse distraire facilement. Sa crainte de ne pouvoir effectuer la tâche l'empêche de se concentrer. Comme il n'a pas été attentif, il commence le travail avec un handicap difficile à combler. Sa peur de l'échec l'empêche d'apprendre.

L'exemple suivant nous montre ce qui se passe avec des enfants qui n'arrivent vraiment pas à satisfaire aux exigences. Nous pouvons voir leurs moyens de défense et la nature de leur imaginaire. Luc a neuf ans, fréquente une école ordinaire, mais bénéficie de l'aide d'une institutrice assistante. Il rencontre beaucoup de difficultés dans les matières de base, comme l'écriture et le calcul. On le gronde souvent.

> Luc, très excité, entre en classe, salue tout le monde d'une voix forte et, pour jouer, pousse un camarade et donne un coup de pied à un autre. Les autres feignent de ne pas le voir. L'instituteur explique l'activité : les élèves doivent écrire une lettre aux propriétaires du Domaine Fabuleux, un lieu imaginaire qu'ils aimeraient aller visiter, en expliquant pourquoi. Luc rit en montrant d'autres élèves du doigt. L'instituteur lui dit de se mettre au travail. L'assistante, Tania, veut s'asseoir près de lui, mais comme il n'y a pas beaucoup de place, Luc, provocateur, lui dit : «Désolé, il n'y a pas de place pour toi !» Agacée, elle dit : «Désolée pour toi !» Il répond : «Qu'est-ce que tu dis, Tania ? Tu es désolée pour moi ?» Elle explique qu'elle ne pourra pas l'aider s'il n'y a pas de place. Il repousse sa chaise brutalement pour faire de la place, tout en donnant un coup à son voisin Khaled. «Qu'est-ce que tu fais ?», s'exclame Khaled. Luc répond : «C'est pas moi, c'est Tania.» Tania lui dit qu'il est temps de se concentrer. Il se tourne sur sa chaise et chuchote des choses à l'oreille de son voisin, et tous deux rient nerveusement. Tania répète qu'il est temps de travailler. Elle demande à Luc ce qu'il aimerait dire aux propriétaires du Domaine Fabuleux. «Je n'en sais rien», dit-il en se balançant sur sa chaise. Les autres élèves écrivent et Luc les regarde anxieusement. Tania insiste : «Qu'est-ce qu'on pourrait dire sur le Domaine Fabuleux ?» Luc rétorque que ce lieu n'existe

pas. «Essayons de l'imaginer», propose Tania. Luc s'obstine : «Mais cet endroit n'existe pas !» Tania propose de l'inventer. Luc regarde ce que Khaled a écrit, puis il lui parle à l'oreille. Khaled, vexé, répète à Tania que Luc dit avoir vu sa mère sortir du magasin Oxfam, portant un sac plein de vêtements. Khaled proteste : «Ce n'est pas vrai !» Luc rigole et ajoute : «Moi, au moins, j'achète pas mes fringues chez Oxfam.» Les enfants se disputent et Tania gronde Luc qui rétorque qu'il n'a rien fait. Tania essaie de le ramener à son travail. Elle écrit quelques lignes pour amorcer le travail. Luc n'en revient pas de voir comme Tania écrit vite, et il dit à un camarade : «Regarde, Tania écrit avec son sang. Tu sais, pour écrire, le mieux c'est de se tailler les veines et avec le sang qui coule, tu remplis des pages et des pages.»

Cet exemple montre que Luc est un cas pénible, mais aussi que l'école est, pour lui, bien difficile à supporter. Il entre en classe en jouant le fier-à-bras, mais est froissé dès que Tania se dit désolée pour lui. A son attitude provocante, Tania répond d'abord du tac au tac, mais elle se radoucit bientôt. On voit combien il est difficile de garder son sang-froid face à un enfant qui cherche toujours à dépasser les bornes. L'enfant a ressenti la remarque comme une rebuffade et, pour faire passer son humiliation, il frappe un camarade. Beaucoup d'enfants frappent à l'aveuglette, sans raison apparente. Pourtant Khaled a été surpris par le geste de Luc et lui a demandé ce qu'il faisait. Il ne comprenait pas, ne l'ayant pas provoqué, pourquoi Luc s'en prenait à lui. L'attitude de Luc s'explique pourtant : ce n'est pas à Khaled qu'il en voulait, mais bien à Tania. Il était fâché et a frappé le premier venu. On l'avait blessé ; il voulait blesser à son tour. Puis, il accuse en infantilisant comme le gosse qui s'est fait mal tout seul et qui se plaint : «Regarde ce que tu m'as fait.»

Face au travail, Luc ne sait par où commencer. Il tente des diversions pour gagner du temps, parle d'autre chose et essaie de distraire d'autres écoliers. Quand les camarades travaillent, Luc se sent isolé. Il ne peut pas faire preuve de l'imagination que Tania attend de lui : il ne peut réagir qu'aux choses visibles et concrètes. Il ressemble à ces bébés rencontrés plus haut, qui, toujours actifs, ne laissaient jamais leur esprit vagabonder. Il est déconcerté et anxieux. Voyant ce que Khaled a écrit, il est envieux mais se sent incapable d'en faire autant. Il commence donc à tourmenter Khaled. Apparemment, il ne supporte pas la contrariété, et réagit en cherchant à mettre quelqu'un d'autre mal à l'aise. Il s'en prend à Khaled pour l'empêcher d'avancer dans son travail. Sans doute, l'histoire des fripes est destinée à blesser Khaled, mais c'est aussi l'extériorisation des aspects cruels du caractère de Luc. Il n'arrive pas à travailler seul, il a besoin de puiser dans le réservoir d'idées des autres enfants et des instituteurs.

Voyons ce que les railleries de Luc nous apprennent sur lui-même. C'est un enfant qui se sent bête et il voudrait que les autres se sentent aussi nuls que lui. Le mépris ressenti du fait de ses insuffisances vient autant, si pas plus, de lui-même que de l'extérieur et parfois des instituteurs. Il essaie d'y échapper en évitant de se laisser atteindre par Tania ou par quiconque lui rappelle qu'il n'est pas à la hauteur. Malheureusement, cela le coupe aussi de toute possibilité d'aide. Quand il voit que Tania écrit facilement, ses pensées deviennent morbides. Il fantasme sur l'automutilation : écrire est un cauchemar, écrire c'est souffrir, peut-être même mourir.

Pour un enfant comme Luc, essuyer un refus est très dur : cela donne raison à la méchante petite voix intérieure qui n'arrête pas de le critiquer. Avant d'essayer de lui apprendre quoi que ce soit, il faut parvenir à lui redonner confiance en lui. Luc est une sorte de Paul (décrit au chapitre 2) en plus âgé. Il n'arrive pas à assumer sa vulnérabilité et réagit en blessant les autres et en s'isolant. Il se montre impertinent et arrogant, ce qui incite son entourage à réagir avec sévérité, voire avec colère, à fixer des limites rigides. Cet entourage reflète son monde intérieur, fait de mépris pour lui-même. Et c'est là la difficulté : comment imposer des limites qui paraissent sécurisantes et non pas répressives ? L'enfant a besoin de sentir qu'il a des chances de maîtriser un jour ce qu'il ne maîtrise pas aujourd'hui : il n'arrive pas à écrire mais il ne doit pas désespérer. Il est cependant important qu'il sache que, bien qu'on comprenne ses sentiments, on ne tolérera pas qu'il agresse les autres. Il comprendra que cela signifie aussi que vous ne le laisserez pas se moquer de ses propres échecs. Un enfant comme Luc ne pourra pas s'en sortir seul : il a besoin qu'on l'aide, tant sur le plan scolaire qu'affectif.

L'exemple suivant montre comment la confiance peut faciliter l'apprentissage. Les limites qui sont posées ne rabaissent pas l'enfant. A l'âge de dix ans, Patricia a de gros problèmes de lecture et d'écriture, et bénéficie, elle aussi, d'un appui scolaire. Elle essaie de faire faire tout le travail par l'institutrice. Voici ce qu'écrit Lise, son institutrice assistante.

> J'explique à Patricia que nous allons lire une histoire de dragons et qu'ensuite nous devrons répondre à des questions sur l'histoire. Je fais la lecture, mais elle est distraite, joue avec son crayon, gigote et essaie de me distraire. Je lui dis qu'elle semble inquiète de devoir retenir tellement de choses sur les dragons pour pouvoir répondre aux questions. Patricia répond : «Lise, je pense que c'est un problème de compréhension. Je veux dire, les autres enfants, qui n'ont pas de difficultés pour apprendre, tu vois, ils font ça très vite. Je veux dire, quand on est intelligent, pas de problème.» Je lui dis que je pense qu'elle se tracasse parce qu'elle se sent moins intelligente que ses camarades. J'ajoute : «Je crois que tes difficultés n'ont rien à voir avec l'intelligence. Tu es une fille intelligente. Tu comprends ce que je dis sur les dragons. Si je lis qu'en Chine les dragons sont des amis qui apportent la chance, alors qu'en Angleterre, ils sont laids et gardent des trésors, tu comprends cela très bien, n'est-ce pas ?» Patricia fait oui de la tête. J'ajoute : «Tu vois, c'est parce que tu as du mal à te concentrer sur ce que nous faisons, que parfois tu ne comprends pas.» Calmée, la fillette me demande de

continuer la lecture. Un peu plus tard, elle demande si elle peut me faire la lecture.

Patricia sent qu'elle n'est pas à la hauteur de la tâche, et elle se diminue en se comparant aux autres élèves. D'autres rapports indiquent qu'elle baisse facilement les bras et demande souvent à Lise de finir le travail pour elle. Cependant, quand Lise lui montre qu'elle peut comprendre et participer, on voit que Patricia est capable de prendre part à l'activité.

J'ai donné trois exemples d'enfants présentant d'importantes difficultés d'apprentissage, pour montrer ce qui se passe lorsque les attentes sont disproportionnées par rapport aux aptitudes de l'écolier. Ces exemples montrent aussi différentes réactions. Les enfants dont les difficultés sont bénignes trouvent des moyens d'adaptation similaires. Avec eux aussi, nous devons veiller à adapter nos exigences à leurs aptitudes. Il est important de les considérer dans leur spécificité et non dans leur globalité, pour qu'ils se sentent aidés plutôt que jugés. Soyons conscients du sentiment d'insécurité qu'éprouve un enfant qui n'est pas à la hauteur. Même pour un adulte, c'est dur d'être celui qui ne comprend pas, qui ne sait pas.

Beaucoup d'accrochages résultent d'attentes inappropriées. Il nous arrive de nous fâcher sur un enfant parce que nous croyons qu'il ne travaille pas assez, sans considérer le niveau de difficulté de la tâche à accomplir. L'enfant se vexe, et la relation (que ce soit avec un parent ou l'instituteur) s'envenime. Nous devons aussi, comme Lise avec Patricia, identifier ce qui gêne l'apprentissage, pour que l'enfant ne se sente pas abandonné avec ses angoisses. Ces enfants laissent facilement leur esprit vagabonder ; il faut s'appliquer à les aider à fixer leur attention. Enfin, nous devons être capable de dire «non» à nos propres ambitions pour nous adapter au rythme de l'enfant.

Sauf si nous nous sommes renseignés sérieusement, nous, parents, ignorons généralement ce que l'on attend normalement de l'enfant entre six et douze ans. Les choses ont changé depuis l'époque où nous avions cet âge. Nous sommes surpris lorsqu'il apparaît que l'instituteur apprécie les aptitudes de notre enfant selon des critères qui ne sont pas les nôtres. Surtout vers la fin du primaire, nous sommes tentés de comparer ce que fait notre enfant et ce que nous ferions dans la même situation. Ainsi, un projet peut nous sembler trop léger, une expérience scientifique nous paraître confuse. Les parents doivent résister à l'envie de prendre la relève, d'imposer leur manière de faire le travail, de faire une recherche à la place de l'enfant. Etre une «bonne» mère, un «bon» père, qui s'intéresse aux travaux de l'enfant, ne signifie pas qu'il faut gêner son rythme ou l'empêcher d'apprendre par lui-même. Quand on les développe par soi-même, les savoir-faire sont mieux ancrés. Nous devons apprendre à dire «non» à notre envie d'intervenir. Je ne dis pas qu'il faut laisser l'enfant lutter pitoyablement sans l'aider ; je dis simplement que nos initiatives doivent répondre à ses besoins à lui, plutôt qu'à notre envie d'intervenir.

Certains enfants essaient systématiquement de faire faire leur travail par d'autres. Peut-être sont-ils comme Patricia qui sentait qu'elle n'y arriverait pas, peut-être veulent-ils simplement se faire dorloter. Votre enfant sent peut-être que jouer celui qui a besoin de votre aide est un bon moyen de vous garder auprès de lui. Dans ce cas, il tirera toutes les ficelles pour vous amener à céder à ses insistances. Essayez d'estimer à sa juste valeur son envie un peu infantile et peut-être jugerez-vous que vous pouvez lui donner satisfaction pour cette fois, quitte à être plus exigeante une autre fois. Peut-être a-t-il trop joué au petit adulte à l'école, et désire-t-il se laisser aller un peu à la maison. Par contre, s'il fait le bébé tout le temps, n'acceptez pas : vous lui rendriez un mauvais service. Vous le conforteriez dans l'idée que la période qu'il vit actuellement comporte plus de désagréments que lorsqu'il était bébé.

Il nous arrive aussi de rencontrer des enfants que l'on traite comme des êtres d'exception. Souvent ces enfants, comme leurs parents d'ailleurs, s'attendent à ce que tout le monde en fasse autant.

Carla (8 ans) est fille unique. Elle est menue, mignonne et semble plus jeune que son âge. C'est une enfant éveillée qui a aussi des activités extrascolaires. Elle suit des cours de danse, de tennis et de violon. Sa mère participe très volontiers aux activités de l'école lorsqu'il est fait appel aux parents. Carla parle comme une petite adulte, critiquant ses camarades pour leur désordre ou un instituteur arrivé en retard. Elle est fière de montrer à tout le monde ses beaux résultats scolaires et s'applique à avoir de belles manières. Si elle vient à se disputer avec un autre enfant, elle s'empresse de s'adresser à l'institutrice ou à sa maman si elle est là. Cette dernière intervient alors pour défendre sa fille et gronder l'autre enfant. Carla est charmante avec les enseignants et s'entend bien avec eux, mais elle est très impopulaire parmi les élèves.

Il est clair que cette situation n'est pas profitable pour Carla. A l'école, il est vrai, on ne se rend pas bien compte de cela : on la dit mûre pour son âge, à l'aise avec les adultes et plus posée que la plupart de ses camarades. Elle a tout ce qu'elle peut souhaiter, mais est rarement confrontée à des limites. Elle exaspère ses camarades à force de toujours se faire valoir. Elle aime occuper le devant de la scène, mais n'arrive pas à participer à la vie du groupe. Son envie d'être extraordinaire aux yeux de tout le monde autant qu'aux yeux de ses parents la handicapera. Paradoxalement, elle reste immature. En voulant pour elle ce qu'il y a de mieux, ses parents la privent d'une expérience importante : être juste une petite fille ordinaire.

Avec certains enfants, il est important de placer la barre haut. Lors d'une étude intéressante sur le sujet, on a divisé en trois groupes – confiés à trois instituteurs différents – des enfants ayant des aptitudes semblables. Aux instituteurs, on a dit que les enfants du premier groupe étaient brillants, ceux du deuxième groupe moyens et ceux du troisième groupe médiocres. Les conclusions de la recherche ont montré que les résultats dans les trois classes correspondaient à ce qui avait été annoncé ! Ceci est une information cruciale à propos des élèves étiquetés «à problèmes», quelle qu'en soit la raison. Bien sûr, certains enfants sont moins doués que d'autres, et ils ont besoin d'aide. Mais cela doit être établi avec soin, en écartant les préjugés. Aujourd'hui, beaucoup d'enfants, surtout les garçons, issus de minorités ethniques, souffrent dans ce domaine de préjugés défavorables. Parfois, vivre dans une famille parlant une langue étrangère est également considéré comme un désavantage, alors que cela peut, au contraire, être un atout. En Inde, par exemple, beaucoup d'enfants maîtrisent jusqu'à trois langues. Placer la barre haut – mais pas hors de portée – stimule l'enfant et lui donne confiance en soi.

Certains enfants aiment apprendre, au point qu'ils attendent plus d'eux-mêmes que leurs parents. C'est le sujet de *Matilda* de Roald Dahl. C'est l'histoire d'une fillette très douée qui se réfugie dans les livres et l'étude pour fuir ses parents qui sont des modèles d'avidité et de futilité. Indirectement, nous pouvons tous être concernés par ce genre d'histoire. Si les intérêts de l'enfant diffèrent de ceux de la famille, ils risquent de ne pas recevoir l'accueil qu'ils méritent. Des parents aux goûts littéraires se désintéressent quelquefois des questions scientifiques qui intéressent leur enfant. Les parents doivent pouvoir reconnaître les talents personnels de l'enfant et s'interdire de les dénigrer pour valoriser les leurs. Quand l'enfant est doué ou se passionne pour une chose étrangère à la sphère d'intérêt des parents, ceux-ci devront vaincre leur méfiance devant l'inconnu, et laisser l'enfant explorer lui-même le terrain. Beaucoup d'enfants apprendront à l'école bien plus que ce que leurs parents ont appris : la famille devra alors, faute de pouvoir se mettre au niveau des connaissances actuelles, continuer à jouer un rôle essentiel en encourageant l'enfant dans ses études.

Vers plus d'indépendance

Nous devons pouvoir être souples et, au fil du temps, adapter nos attentes. Le petit enfant qui rentre à la maison en mettant de la boue partout et en jetant ses vêtements n'importe où, se fera gronder, bien sûr, mais bénéficiera tout de même d'une certaine indulgence : sa maman, tout en se plaignant, passera derrière lui pour nettoyer et ramasser ce qu'il a laissé traîner. Un enfant de dix ans qui fait la même chose, n'est pas traité de la même manière. Il en va de même en matière d'hygiène et de discipline en général. Une mère qui doit constamment dire à l'enfant ce qu'il doit faire et ce qu'il n'a pas le droit de faire, finit par ne plus supporter ce rôle d'éternelle rouspéteuse, et l'enfant, en grandissant, sera prié de s'autodiscipliner petit à petit. La maman devra résister à le talonner et à le houspiller tout le temps. Elle devra faire en sorte que l'enfant compte moins sur elle.

Un enfant qui continue à attendre de sa mère qu'elle s'occupe de tout, restreint son champ d'action. Il veut qu'elle joue avec lui, puis qu'elle suggère ce qu'il pourrait faire ensuite. Il se plaint dès qu'il est livré à lui-même. Il dit souvent : «Je m'ennuie.» Son imagination et sa créativité sont en veilleuse. Nous avons vu, dans le premier chapitre, comment l'absence des parents peut favoriser le développement des ressources personnelles du bébé. A l'âge de l'école primaire, cela reste vrai. Etre toujours présent ne rend pas service à l'enfant. Permettre qu'il soit confronté à des moments creux est essentiel, même si cela n'est pas si facile. Le psychothérapeute Adam Phillips s'est intéressé à ce qu'évoque chez l'adulte l'ennui de l'enfant. L'expression de l'ennui est ressenti comme un appel ou parfois comme une accusation, elle est rarement bien accueillie, tout au plus reconnue. A. Phillips ajoute que l'une des exigences les plus tyranniques des parents est que l'enfant s'intéresse à quelque chose, alors qu'ils devraient plutôt prendre le temps de trouver ce qui l'intéresse vraiment.

En grandissant, l'enfant demande plus de liberté. Il veut sortir du milieu familial et voir les amis qu'il choisit lui-même. Il est indispensable de lui accorder un certain degré de liberté : aller jouer avec d'autres, aller faire du vélo. Il doit sentir que la vie n'est pas faite que d'interdits. Côtoyer d'autres enfants, c'est important, et les parents doivent favoriser les rencontres entre leur enfant et ses amis. Ceci peut obliger les parents (et les frères et sœurs) à d'astreignantes allées et venues. En échange, l'enfant, de son côté, doit admettre que ses parents fixent des limites. Laisser l'enfant se débrouiller peut être dur pour les parents, car ils doivent pouvoir lui faire confiance et faire confiance aussi à l'entourage, et ceci n'est pas évident. Mais c'est brider l'épanouissement de l'enfant que de prolonger sa dépendance et de décrire le monde comme un endroit dangereux. Il y a lieu de peser les avantages et les inconvénients.

Il faut chercher l'équilibre entre le besoin de protection du jeune enfant et son besoin croissant d'indépendance. Et cela n'est pas facile. Que faire, par exemple, si votre enfant vous demande un petit chien ou un petit chat, en vous affirmant que vous pouvez lui faire confiance et qu'il en prendra soin même quand il n'en aura pas envie ? Accepterez-vous en sachant que l'enfant pourrait ne pas être à la hauteur ? Imposerez-vous le respect de l'accord, en particulier si vous constatez que l'animal n'est pas soigné comme il le mérite ? Et dans ce dernier cas, prendrez-vous la relève, ou préférerez-vous que l'enfant apprenne ce qu'il en coûte de ne pas respecter un accord, même si l'animal doit en souffrir ? Ces questions ne sont pas anodines. Si vous prenez la relève et faites le travail à sa place, l'enfant ne comprendra pas qu'il a manqué à sa parole et continuera à s'engager à la légère. Si vous n'intervenez pas pour vous occuper de l'animal, non seulement ce dernier en souffrira mais, en plus, vous permettrez à l'enfant d'être destructeur et – au pire – de laisser mourir un être vivant, avec la culpabilité que cela entraîne. Votre position est donc embarrassante : vous serez amené à obliger l'enfant à respecter un engagement qu'il avait pris contre votre gré. Cependant, lui interdire catégoriquement d'essayer n'est pas juste non plus. Prendre soin d'un petit animal peut lui apporter de grandes joies et renforcer sa maturité et son sens des responsabilités. Il n'est pas simple de trouver l'équilibre entre accorder une plus grande confiance à l'enfant et lui imposer les limites appropriées. Le juste milieu est de s'aventurer sur ce terrain avec optimisme et prudence, en gardant à l'esprit que l'enfant vise sans doute trop haut et qu'il aura besoin de votre aide quand il sera dépassé.

On rencontre le même genre de problème lorsque l'enfant veut se mettre au sport, à la danse, au théâtre, à la musique...

> Franck (9 ans) adore nager. Il obtient de ses parents qu'ils l'inscrivent au club de natation local, ce qui l'engage à aller à la piscine trois fois par semaine. Il aime la compétition, mais pas l'entraînement. Son père doit régulièrement le forcer à y aller. Des disputes éclatent.

Ayant accédé à une demande de l'enfant, l'ayant même peut-être encouragée, les parents croient qu'ils ont l'obligation de mener les choses à bonne fin. Je conseillerais de réfléchir à ce que signifie pour l'enfant de poursuivre dans cette voie et de renoncer, d'autre part. Faut-il l'obliger à faire une chose qu'il finit par détester ? Faut-il, au contraire, soutenir son désir d'abandonner aussi vite ? En tous cas, ces décisions doivent se prendre après réflexion, et surtout pas à la légère. En prenant le temps de la réflexion, vous montrerez que faire un choix puis renoncer, n'est pas quelque chose d'anodin. Cette démarche est aussi utile en elle-même. Il est aussi important de ne pas admettre l'abandon immédiat, car s'astreindre à une tâche un peu difficile développe la ténacité et l'optimisme. A renoncer trop vite, on ne saura jamais si l'on est capable d'aller au bout des choses. La confiance en soi est minée.

Les parents de Franck ont tenu à ce qu'il persévère jusqu'à la fin de l'année. Cela leur a donné le temps de reconnaître que ce que Franck voulait, c'était aller nager avec des amis, et ses parents ont reconnu que le club ne lui convenait pas.

Etre différent

Ce que nous attendons de notre enfant et ce que nous lui permettrons, est en partie déterminé par ce que nous voyons dans d'autres familles qui ont des enfants du même âge. A nous de voir si cela correspond bien à ce que nous souhaitons.

Pendant les années de l'école primaire, un enfant est très influencé par ce que font les autres. Beaucoup d'enfants collectionnent les mêmes choses, chantent les mêmes tubes, regardent les mêmes émissions de télévision et discutent des mêmes feuilletons. Cela leur donne le sentiment d'appartenir à une même culture. Faire partie d'un groupe les sécurise tout en leur donnant l'impression qu'ils peuvent se débrouiller entre eux : merci Papa, merci Maman, on n'a pas besoin de votre aide ! Les enfants s'observent, se jaugent, et aiment se ressembler. Leur personnalité s'estompe et ils se sentent plus à l'aise dans le moule de structures et de stéréotypes. Leurs activités paraissent souvent ennuyeuses aux adultes et aux «ados».

Gare aux parents qui ne s'adaptent pas ! Comment dire «non» quand Jenny affirme que toutes les copines de la classe peuvent passer le week-end chez Alice, ou que toutes ses copines de neuf ans ont le droit d'aller faire du shopping toutes seules ? Comme toujours, il vous faudra réfléchir avant de décider. Pourquoi avez-vous envie de dire «non» ? Est-ce la peur de voir Jenny s'éloigner ? Est-ce parce que vous ne connaissez pas les parents d'Alice ? Ressentez-vous un fossé social, culturel, entre vous et la famille d'Alice ? Voulez-vous éviter que Jenny soit désagréable chez Alice, car vous savez qu'elle devient grincheuse quand elle est fatiguée ? C'est en pesant le pour et le contre que nous pouvons faire le bon choix.

> Geneviève a quatre enfants. La plus jeune, Jeanne, âgée de huit ans, est invitée à passer le week-end chez des amis à la campagne. Geneviève est réticente : elle craint que Jeanne ait peur la nuit. La perspective de faire des kilomètres en voiture pour aller la rechercher s'il y a un problème, ne l'enchante pas. Jeanne est tellement enthousiaste que sa mère la laisse partir à la campagne… où elle passe un week-end merveilleux ! Geneviève est étonnée : elle prenait Jeanne pour la petite benjamine qui

ne peut pas se passer du cocon familial. D'habitude, s'endormir ne va pas de soi, et Geneviève a pensé que Jeanne serait difficile le soir. Elle est contente que sa fille se soit bien amusée, mais en même temps un peu triste de voir que la benjamine n'est plus le bébé qu'elle croyait, que quelque chose a définitivement changé.

Bien que réticente d'abord, Geneviève était prête à accepter que Jeanne la quitte pour mener une expérience nouvelle. Ses sentiments sont ensuite mélangés : elle a gagné une fille plus indépendante, plus sociable, en perdant le bébé qui ne pouvait se passer de maman.

Line (10 ans) est invitée à l'anniversaire de Naomi, où on envisage de regarder une vidéo que sa maman, Valérie, ne trouve pas appropriée. Valérie ne veut pas que Line voie la vidéo et se demande s'il faut lui interdire d'aller à la fête, ou s'il faut voir les parents de Naomi pour leur demander de choisir une autre vidéo. Line ne veut à aucun prix que sa mère s'en mêle, elle serait bien trop embarrassée. Mais Valérie sait que Line ne supporte pas les films d'horreur. Alors que faire ? Line veut tellement faire partie du groupe que sa mère la laisse aller. Pendant les semaines qui suivent, Line fait régulièrement des cauchemars qui l'éveillent. Valérie s'en veut de n'avoir pas tenu bon.

Il est difficile de toujours prendre la meilleure décision : souvent nous interprétons mal la situation et commettons des erreurs de jugement. Nous avons du mal à dire «non» lorsque le refus a pour conséquence d'isoler l'enfant, pourtant c'est parfois nécessaire. Le prix payé ici n'est pas trop élevé, et Line a appris que faire comme les autres ne lui convient pas nécessairement. Dans l'exemple, une maman qui dit «non» là où d'autres disent «oui», peut faire comprendre à l'enfant que c'est parfois positif de ne pas être comme tout le monde. Cela contribue à armer l'enfant pour résister tout seul, plus tard, aux pressions des camarades. Cela pourra l'aider un jour à refuser, par exemple, une expérience sexuelle inopportune ou de la drogue. L'enfant apprend à se demander : «Est-ce que ceci est réellement ce que je souhaite ?» Ne pas dire «non» quand il le faudrait, ne pas se défendre, est parfois risqué.

Notre réponse aux conflits

En semaine, votre enfant est absent pendant sept heures par jour au moins. Si, à quatre heures, vous lui demandez ce qu'il a fait à l'école, vous obtiendrez probablement une réponse du genre : «Pas grand-chose.» Et même si l'enfant parle souvent de l'école, vous restez quand même sur votre faim. Auparavant, vous aviez des contacts fréquents avec l'institutrice maternelle, et avant cela avec la nounou ou le personnel de la crèche... Aujourd'hui, et pour la première fois, c'est l'enfant qui vous informe sur sa journée. Comment désormais réagir à des difficultés qu'il vous rapporte et dont vous n'avez pas été le témoin ? Par exemple, votre petit garçon dit que l'instituteur ne l'aime pas et est tout le temps après lui, ou que Sharon se moque toujours de lui. Il peut vous demander d'intervenir pour que cela cesse. Il peut aussi insister pour qu'au contraire vous ne fassiez surtout rien. Etre aussi contrariée que lui et agir impulsivement, n'est sans doute pas une bonne idée. Téléphoner à l'école et vous plaindre de Sharon risque de mettre de l'huile sur le feu. La manière dont nous réagirons, lui servira de modèle pour gérer ses problèmes relationnels et résoudre ses conflits. Nous pouvons aussi aider l'enfant à faire la différence entre sensation et réaction.

> Sarah (7 ans) rentre de l'école en larmes : elle s'est fait réprimander parce qu'elle s'est battue. Elle raconte à sa mère que sa voisine, la petite Rébecca, l'a embêtée toute la matinée en cachant ses crayons et sa gomme. A un moment, Sarah a donné un coup de règle à Rébecca. Le maître l'a vu et a puni Sarah. Celle-ci a protesté, mais

on lui a dit qu'elle n'a pas le droit de frapper. Sa mère reconnaît que c'est injuste qu'elle soit la seule accusée, mais elle confirme que sa fille n'a pas le droit de frapper une autre élève. Ils discutent alors les autres moyens que Sarah aurait pu utiliser avec Rébecca. Sarah aurait dû trouver une alternative admissible pour gérer ses sensations, au lieu de réagir impulsivement.

Comme nous l'avons vu dans le premier chapitre, la manière d'affronter une expérience difficile ou pénible est importante. Si nous réagissons de façon excessive, nous transmettrons l'idée que le monde extérieur est vraiment dangereux et plein d'ennemis potentiels. Beaucoup de familles rencontrées dans les centres de guidance infantile, fonctionnent sur l'idée qu'on n'est en sécurité qu'en famille et chez soi. Les personnes extérieures ne peuvent être d'aucun secours. Ceci empêche l'enfant de bénéficier utilement de l'aide que peuvent apporter un ami, un enseignant, ou même un livre. Au pire, cela peut conduire à un rejet de l'école. Les enfants qui n'aiment pas l'école ont besoin de parents qui croient que l'école peut jouer un rôle positif pour l'enfant et être pour lui un cadre sécurisant. Si les parents sont exagérément réceptifs aux sentiments négatifs de l'enfant, ils ne pourront pas l'aider à voir les choses autrement. En devenant aussi anxieux que leur enfant, les parents entérinent sa vision de la vie à l'école et confirment qu'il n'y a pas d'alternative.

En revanche, rester sourd à la détresse de l'enfant peut aussi entraîner des problèmes. Il se pourrait bien, tout compte fait, que cette petite peste de Sharon mérite une remontrance ou que l'instituteur trouve vraiment votre fils difficile en classe. Il faut savoir écouter attentivement et faire la part des choses plutôt que d'accepter ou de rejeter toutes les doléances en bloc.

Savoir écouter

En écoutant les plaintes de votre enfant, vous ressentirez peut-être de la colère : de la colère contre ceux qui lui font du mal, ou contre lui-même parce que cela vous irrite qu'il en parle.

Vous pourriez le gronder parce qu'il pleurniche, lui dire de se ressaisir, qu'il ne sait pas ce que c'est que de souffrir. Prenons le temps de réfléchir avant de réagir.

Dans les chapitres 1 et 2, nous avons vu combien la contrariété, l'inquiétude, est contagieuse. Les soucis de l'autre ravivent souvent les nôtres, passés et présents. Si vous écoutez les doléances de votre enfant en vous identifiant à lui, vous manquerez de la distance nécessaire pour voir la situation sereinement. Le souvenir d'événements désagréables similaires peut refaire surface, raviver une émotion, ranimer un conflit. Et ce qui n'était qu'une petite expérience désagréable pour l'enfant, a tendance à tourner au drame. Nous ne devons pas nous laisser submerger par les chagrins de l'enfant. Il nous faut à la fois écouter et prendre à cœur ce que l'enfant nous raconte tout en gardant la distance suffisante pour faire preuve de bon sens. Nous arriverons à dédramatiser les événements et à proposer de voir les choses autrement. On peut ainsi amener l'enfant à aborder le problème comme un obstacle surmontable. Sinon, nous ne ferions qu'ajouter à sa confusion et à son inquiétude.

> Monsieur L. a été un petit garçon malingre qui se faisait régulièrement harceler et agresser par les plus costauds. A l'époque, il était une victime incapable de résister aux petits tyrans de la récré qui, de plus, le menaçaient d'autres représailles s'il se plaignait au maître ou à ses parents. Aujourd'hui, monsieur L. est très en colère : son fils Marc (7 ans) se plaint que Roger l'a frappé pendant la récréation. Monsieur L. connaît bien les parents de Roger et veut leur téléphoner pour dénoncer le comportement de leur fils. Marc lui demande de ne pas le faire et tente d'expliquer que Roger ne l'a pas vraiment fait exprès. Monsieur L. se souvient de sa propre enfance et de sa crainte de «parler». Il pense que Marc est dans la même situation. Il lui reproche cependant de ne pas le laisser s'occuper de Roger. Il voudrait apporter à son fils l'aide et la protection que lui-même n'a pas eues

quand il était petit. Il aimerait aussi, avec une génération d'écart, se venger des petites brutes. Pourtant, il se laisse convaincre et n'intervient pas. Quelque jours plus tard, les deux familles se rencontrent et monsieur L. évoque la question. Les parents de Roger répètent ce que leur fils leur a raconté : Marc l'aurait frappé à la récréation. Il apparaît bientôt que les deux garçons se sont tout simplement battus. Entre-temps, ils sont d'ailleurs redevenus bons amis.

Il valait mieux que monsieur L. n'appelle pas les parents de Roger sous l'emprise de la colère. Il se serait fâché avec ses amis tout comme les deux garçons s'étaient disputés. Mais les doléances de son fils avaient réveillé en lui de douloureux souvenirs d'enfance. A ce moment-là, ses sentiments n'étaient pas ceux du père mais ceux de l'enfant qu'il avait été. Il avait du mal à admettre que l'expérience de Marc pouvait être différente de la sienne, et ne trouvait pas la réponse adéquate aux soucis de son fils. Ce que Marc voulait, ce n'était pas qu'on intervienne pour punir Roger, c'était pouvoir parler de la gêne qu'il ressentait à s'être disputé avec un ami.

L'inverse est parfois vrai aussi. Des parents qui, enfants, se sont toujours bien débrouillés, peuvent ne pas entendre l'appel à l'aide d'un enfant que l'on malmène. Un père qui s'est sorti de toutes les situations, peut refuser de voir que son enfant, lui, n'y arrive pas.

D'autres facteurs peuvent gêner notre écoute de l'enfant.

Les parents de Marie sont arrivés dans le pays en tant que réfugiés. Dans leur pays, ils avaient une belle situation, mais ici ils ont du mal à joindre les deux bouts. Les enfants, bien intégrés, réussissent bien à l'école. Pourtant, Marie (9 ans) se plaint qu'on l'embête. Certains enfants lui tirent les cheveux, l'insultent, la tourmentent tant qu'ils peuvent. Elle est terrorisée à l'idée d'aller en classe.

La famille est très ennuyée et se sent impuissante. Ils n'interviennent pas et laissent Marie seule face à ses tourmenteurs.

Dans cet exemple, la détresse de Marie renvoie ses parents à une peur bien plus profonde qu'ils ont ressentie avant de quitter leur pays, à une époque où ils craignaient la prison et la torture. Leur souvenir les trouble et ils veulent l'éloigner. A cela s'ajoute le sentiment de la précarité de leur statut dans ce pays. Ils sont très dépendants de l'administration locale et de diverses autorités. Est-ce que se plaindre à l'école peut les mettre en péril ? Ils ne veulent pas apparaître comme des provocateurs. Leur dépendance, tout comme leur gratitude envers le système, font qu'ils ne peuvent se résoudre à critiquer l'école. Ils préfèrent que les choses se passent sans heurts, ils ne veulent pas effectuer une démarche qui provoquerait des effets en cascade. Par conséquent, leur fille les agace : ils pensent que c'est elle qui provoque les autres, et estiment qu'elle doit régler ses problèmes elle-même. L'enfant, sentant que ses parents ne supportent pas d'entendre ses plaintes, renonce à en parler avec eux. L'attitude des parents est compréhensible mais laisse Marie sans secours. Malheureusement, une solution qui convient à la famille ne convient pas nécessairement à tous ses membres.

Dans les cas dont nous venons de parler, l'essentiel est d'écouter l'enfant tout en restant attentifs à ce que son récit déclenche en nous. Pour pouvoir aider efficacement, il nous faut distinguer nos propres sentiments et ce que l'enfant ressent. Savoir reconnaître ce qui est issu de nos propres émotions, n'est pas chose aisée.

Le présent, "ici et maintenant"

Quand nous examinons ce que nos enfants peuvent éveiller en nous, nous découvrons un domaine plus complexe qu'il n'y paraît à première vue. Nous savons que, pour l'enfant, un «non» peut prendre des proportions que nous ne souhaitions pas et représenter bien plus que la fixation d'une limite anodine.

De même, nos réactions au comportement de notre enfant sont également subordonnées à nos points de vue personnels. Les événements ont souvent une signification bien au-delà de ce qui se passe ici et maintenant.

Une chose nouvelle dont il faut désormais tenir compte, c'est l'influence qu'a votre enfant sur le groupe et comment il se comporte quand vous n'êtes pas là. Vous vous souciez de savoir comment l'enfant se débrouille, mais aussi comment vous-même serez jugée à travers son attitude. On connaît ces repas où un enfant mange bruyamment, rote, fait des grimaces, se balance sur sa chaise, interrompt les conversations, se lève et court partout. Souvent, les parents ne traitent pas le problème qui se présente, mais leur esprit élabore des scénarios effrayants. Et le laïus commence : «J'espère que tu ne te conduis pas comme ça ailleurs. Qu'est-ce que les gens vont penser ? Comment peux-tu apprendre des choses à l'école si tu es à ce point turbulent ? On t'a toujours appris les bonnes manières ! Tu n'as vraiment rien retenu ? Si tu continues à te pencher comme ça, tu vas tomber et te faire mal. Ce sera bien fait pour toi !» L'enfant n'est pas réprimandé pour son attitude du moment, mais on réagit comme si tout son avenir était compromis par sa conduite présente. Le problème n'est plus ce qui se passe mais ce qui se passera : ce comportement va-t-il se reproduire, l'enfant se civilisera-t-il un jour ? En outre, les parents sentent leur rôle d'éducateurs remis en cause : «Pourquoi avons-nous échoué lamentablement ?»

Mon exemple est banal, mais il illustre ce que peut déclencher un tel conflit. On en rencontre des formes nombreuses et variées, mais la conclusion est toujours la même. La réaction observée ci-dessus est vaine : elle est aveugle et sourde à l'événement présent et renvoie à un futur hypothétique, et le problème qui se présente n'est même pas abordé. Comment faire mieux dans des situations de ce genre ? Une solution est de s'en tenir à l'événement qui est en train de se produire et y réagir en faisant l'impasse sur les souvenirs ou les craintes que la situation éveille en nous. Ainsi nous garderons le sens des proportions et, par conséquent, une chance de trouver une solution raisonnable.

Le sentiment de culpabilité

Notre difficulté à dire «non» naît en grande partie d'un sentiment de culpabilité. Dire non, c'est priver l'enfant de quelque chose, et cela nous pousse à vouloir «compenser».

> Kareen a deux enfants : Adam, cinq ans, et Natacha, trois ans. Elle a cessé de travailler à la naissance du premier, mais depuis trois mois, elle aide son mari. Aujourd'hui, chaque matin, elle court déposer Adam à l'école et Natacha à la crèche, puis elle passe une heure à rejoindre son lieu de travail. Kareen a du mal à abandonner Adam, le matin, tout seul au milieu de la cour de récréation où il arrive toujours le premier. Adam vient de commencer l'école primaire et il se sent encore «un nouveau». Kareen est hantée par l'image du petit garçon abandonné tout seul sous l'immense préau. Elle s'est arrangée pour faire prendre ses enfants après l'école par une nourrice qui les connaît depuis longtemps. Elle s'efforce de rentrer à la maison en même temps qu'eux. Elle a fait le maximum pour que ses enfants souffrent le moins possible de la séparation. Elle est avec les enfants pour commencer et terminer la journée et s'absente en même temps qu'eux. Pourtant, à être tellement occupée, elle ressent un sentiment de culpabilité. Une fois passée la bousculade du matin, elle est heureuse de faire un travail qu'elle aime, mais elle ne peut s'empêcher de se sentir mal à cause du stress des horaires à respecter, du manque de disponibilité, du fait qu'un des enfants pourrait tomber malade alors qu'elle est loin. Quand elle parle de cela, les mots «coupable», «peur», «inquiétude» reviennent sans cesse. A la maison, elle veut à tout prix compenser : elle veut que les relations avec les enfants soient parfaites.

Beaucoup de femmes qui travaillent au-dehors connaissent ce sentiment. Même celle dont l'absence ne déborde pas les heures de classe, se sent coupable lorsque, à la maison, elle doit se laisser distraire de ses enfants par des tâches ménagères ou un coup de fil à donner. C'est difficile de ne pas répondre à l'attente des enfants qui estiment que quand maman est là, elle doit être entièrement disponible. La frustration de l'enfant provoque souvent chez la maman le sentiment qu'elle n'est pas une bonne mère. Cherchant à réparer le tort qu'elle croit faire, elle finit souvent par dire «oui» à tout pour ne pas encourir les reproches ou les critiques de l'enfant. Ceci est encore plus vrai pour les mères qui travaillent à temps plein et qui doivent systématiquement laisser les enfants à la garde de tiers.

De la même manière, le père qui travaille beaucoup et voit peu ses enfants, a tendance à tout leur passer. L'image traditionnelle du père qui fixe les limites et fait régner la discipline, appartient au passé. Ils sont rares aujourd'hui les enfants qui entendent encore : «Attends, tu vas voir quand ton père va rentrer !» C'est bien plus souvent la mère qui dit «non». Qu'elle soit une mère au foyer, fatiguée de s'occuper des enfants toute la journée, ou qu'elle rentre stressée de son travail, de toute façon la maman a du mal à dire «non». Le «oui» est tellement plus facile, plus pacificateur : il n'apporte cependant pas de réponse à long terme aux exigences des enfants ou aux doutes que les parents nourrissent quant à leur rôle.

Le sentiment de culpabilité s'insinue partout.

> Sophie (10 ans) fait ses devoirs devant la télé. Sa mère lui demande d'éteindre. Sophie proteste : «C'est mon émission préférée !» Madeleine, la maman, laisse faire Sophie comme elle l'entend, mais explique qu'elle sera distraite et que c'est vraiment une mauvaise idée de travailler comme ça. Sophie continue comme elle a commencé, et rassure sa mère : le travail est presque fini, elle le recopie au propre. Quand Madeleine vérifie le travail de sa fille, elle s'aperçoit que Sophie a fait des fautes d'inattention :

des mots ont été omis, d'autres répétés... Madeleine s'en veut de n'avoir pas tenu bon. Pas de télévision demain, promet-elle. Sophie pleurniche, dit que sa mère est méchante, que tous les autres enfants ont le droit de regarder la télé, que l'épisode suivant est essentiel dans l'histoire, et ainsi de suite. Madeleine, convaincue de sa propre cruauté, cède à nouveau le lendemain.

On connaît cette sorte de conflits dans toutes les familles. Madeleine ne désirait pas se disputer avec Sophie : elle l'a laissé faire ce qu'elle voulait. Quand ceci a perturbé le travail scolaire de Sophie, sa mère s'est sentie coupable. Sa réaction a été d'interdire la télévision, sanction qu'elle trouve sévère. Elle a du mal à fixer les limites, et Sophie, en revanche, n'a aucun mal à manœuvrer sa mère. Au bout du compte, il n'y a plus de limite. Passer de l'absence de limite à l'imposition d'une limite qui semble excessive à l'enfant comme à vous, n'est pas une solution. Et Madeleine se sent une fois de plus à la fois cruelle et coupable. Il aurait mieux valu trouver un compromis : par exemple, Sophie pourra regarder son émission préférée, mais elle fera ses devoirs à un autre moment et sans télé. Un compromis de ce genre implique aussi un «non» ferme, mais assorti tout de même pour Madeleine de la certitude d'avoir acquiescé à une des demandes de sa fille. Elle se sentira moins «méchante» et aura pu être ferme sans arrière-pensées.

Après une séparation ou un divorce, les deux parents se sentent souvent coupables, et ceci influe sur la fixation de limites ordinaires.

Thierry (8 ans) est le fils unique de parents séparés. Ceux-ci règlent leurs problèmes à l'amiable. Thierry vit chez sa mère et passe un week-end sur deux chez son père avec qui il a aussi une conversation téléphonique quotidienne. Ils sont venus me voir parce qu'il arrive souvent que Thierry pique une crise. Il est très exigeant et devient impossible quand il n'obtient pas ce qu'il veut. Le père se décrit comme un faible, incapable de dire «non» à son fils. Il pense qu'en étant gentil avec son fils, celui-ci le sera en retour. Il veut le bien de Thierry et est inquiet de le voir malheureux. Il se sent coupable de ne plus vivre avec lui et a du mal à lui refuser quoi que ce soit. La mère, qui ressent les relations avec Thierry comme une succession de conflits, est également à bout de ressources. Cela l'agace que son ex-mari soit laxiste avec l'enfant, rendant sa tâche à elle plus difficile. Dès l'abord, on constate que Thierry semble très satisfait de pouvoir ainsi mener ses parents par le bout du nez. Son comportement a un effet secondaire important : ses parents se parlent tous les jours de lui. C'est lui qui maintient entre eux un contact constant et chargé d'émotion. Concentrer l'attention de ses parents sur lui est sa manière de les garder unis. Il n'exprime pas ce qu'il ressent à la suite de la désunion de ses parents et peut-être n'en a-t-il pas conscience. Il souligne qu'il va bien : ce n'est pas lui qui a un problème, ce sont ses parents. C'est comme si Thierry cherchait à soulager sa peine en infligeant de la peine à ses parents, en éveillant en eux un sentiment de culpabilité pour les empêcher de faire une nouvelle vie. Tant chez sa mère que chez son père, Thierry se prive d'un vrai chez-soi, car il transforme les deux domiciles en champs de bataille. Les parents, conscients de l'impact qu'a leur divorce, s'efforcent de simplifier les choses pour Thierry : ils habitent le même quartier et Thierry peut téléphoner à l'autre parent quand il le souhaite. Cependant, la répugnance des parents à être fermes fait que Thierry continue à gâcher le temps qu'il passe avec l'un et avec l'autre.

Parfois, un enfant est tellement prisonnier de son chagrin ou de sa colère, qu'il gâche ses chances en même temps que celles des autres. Les parents doivent y mettre le holà, avant qu'il ne soit trop tard. Le père de Thierry ne disait pas qu'il en avait assez que Thierry lui téléphone cinq fois en vingt minutes, car il croyait que l'enfant avait besoin de téléphoner à son père. Il ne pouvait prendre le recul suffisant pour raisonner son fils. Son sentiment de culpabilité vis-à-vis de Thierry – ne l'avait-il pas, en quelque sorte, abandonné ? – l'empêchait de réfléchir sereinement. Les limites qu'il aurait trouvé normal d'imposer si Thierry avait vécu avec des parents unis, semblaient inapplicables et l'enfant devint tyrannique et enquiquinant. Pour ne pas qu'il soit malheureux, on lui passait tous ses caprices. La confrontation devint continuelle. Des limites plus fermes auraient permis à Thierry de réaliser que ses parents ne seraient plus aussi disponibles, que sa vie avait changé depuis la séparation. Il ferait face à ce changement douloureux et ses parents, de leur côté, auraient à tolérer sa colère.

En voulant absolument faire comme si rien n'avait changé pour Thierry, on masquait la réalité mais elle n'en demeurait pas moins. Pour combler le vide créé par l'absence, Thierry devint exigeant, critique et tyrannique au point que cela devint un soulagement de le «passer» à la garde de l'autre, provoquant ce qu'on avait voulu éviter : l'enfant se sentit rejeté.

Nous réagissons aussi à notre sentiment de culpabilité en offrant des compensations matérielles à l'enfant. Dans chaque foyer, les jouets, les jeux, les vêtements abondent dans la chambre de l'enfant. Même dans les familles défavorisées, combler l'enfant est prioritaire quand le salaire arrive. Quand je travaillais au Centre d'aide aux jeunes familles, j'étais toujours frappée de voir combien d'argent les mamans dépensaient pour leurs enfants. Les enfants en viennent à croire que tout est jetable et qu'acheter ne coûte rien. Ils se comportent comme s'ils n'avaient jamais assez, nous donnant le sentiment que nous n'offrons pas le nécessaire, qu'il s'agisse de biens matériels, de temps, d'attention ou d'amour. Et pour compenser, nous offrons des objets.

En agissant ainsi, nous risquons de priver l'enfant d'une expérience utile. L'enfant confond le caprice et le besoin. Nous, adultes qui faisons la distinction, aidons par notre attitude l'enfant à la faire aussi. Et ceci est important, sinon l'enfant restera toujours tributaire de désirs qui bientôt ne pourront plus être tous satisfaits. Ce que l'on obtient facilement paraît sans valeur et peut être rejeté aussi facilement. Rien ne semble jamais précieux. Si un jouet cassé est aussitôt remplacé pour ne pas le peiner, l'enfant ne connaîtra jamais le chagrin que cause la perte d'un objet puisqu'il n'y a aucun attachement sentimental, mais il n'apprendra pas non plus à s'en consoler. Son sens des réalités est perturbé : il ne sait pas qu'un objet que l'on casse ne fonctionne bel et bien plus !

Un autre bénéfice pour l'enfant qui n'obtient pas ce qu'il veut, à qui on dit «non», c'est d'apprendre à supporter un manque, un espace vide. C'est un sujet qui me tient à cœur. Si le manque est comblé aussitôt, il n'y a aucune place pour la créativité. Si l'enfant a un jouet pour chaque occasion, il n'apprendra pas à utiliser son imagination pour bricoler quelque chose, pour transformer un objet en un autre. La boîte à chaussures ne deviendra jamais maison de poupée, le bâton ne deviendra jamais baguette de chef d'orchestre ou fusil. Posséder toujours l'objet véritable empêche le rêve et éteint l'envie de faire semblant, d'inventer.

Et puis surtout, l'enfant acquiert la certitude que le manque est insupportable. Nous le confortons dans l'idée que c'est horrible de ne pas posséder et que l'on est ce que l'on a. Si l'enfant mesure sa valeur à l'échelle de ses possessions, l'image qu'il a de lui-même sera toujours menacée. Au contraire, en acceptant le manque, il apprend à croire en lui-même : il comprend que son bien le plus précieux, c'est sa personnalité, et qu'on ne peut pas l'en déposséder. C'est le sentiment d'être apprécié pour soi-même qui aide à vivre et à lutter contre l'adversité. Dans notre monde d'adultes, nous rencontrons souvent des gens ambitieux qui ne sont pas sûrs d'eux.

Miroir, miroir

Prendre une décision qui déplaît n'est pas facile quand on se sent trop sévère. Pendant les années d'école primaire, beaucoup de parents trouvent leurs enfants énervants. Nous sommes une génération à qui on a appris à «respecter» l'enfant. Donc, nous lui expliquons les choses..., puis nous entendons être obéis ! Nous voulons gouverner par consensus. Ceci revient à ne pas reconnaître à l'enfant son droit à la différence et à l'autonomie. Dès l'âge de sept ans, l'enfant peut stigmatiser l'attitude de sa mère, lorsqu'elle lui reproche son comportement, en lui démontrant et en lui faisant admettre qu'elle a tort. En se retranchant sur une position défensive, le parent perd pied dans le débat. Pour son épanouissement, il est bon que l'enfant puisse s'insurger, interroger, trouver son équilibre, s'exprimer. Il est tout aussi important que l'adulte s'en tienne à son opinion et refuse de se mêler à une bataille d'enfants de sept ans. C'est pourquoi il faut que votre décision soit bien réfléchie. Si vous voyez clairement les choses, vous pourrez rester ferme sans vous laisser désarçonner à la première objection.

Nous avons vu que l'enfant aperçoit son image dans le regard de sa mère. Ceci a pour corollaire que la mère voit son image dans le regard de son enfant. Quand l'enfant cherche à assimiler les règles et les conventions, il adopte souvent les manières de ses parents. Il a aussi adopté leur façon de voir le monde et de s'y mouvoir. Je crois qu'il est parfois dérangeant de reconnaître des aspects de notre caractère chez notre enfant, en particulier ceux que nous n'aimons pas. Un enfant qui conteste tout, ou qui ne transige jamais, ou qui manque de courage dans l'adversité, pourrait bien tenir ce trait de l'un ou l'autre de ses parents. Quand cela se produit, les parents ont tendance à se montrer plus sévères.

Quand notre enfant nous inquiète, nous subissons souvent une sorte de régression : notre réaction s'adapte à l'âge de l'enfant. Ainsi, nous paniquons avec un bébé, nous piquons une crise avec le jeune enfant, et avec l'enfant du primaire nous devenons plus sévères, presque autoritaires. Il arrive que, poussé à bout, un parent adopte le même comportement que l'enfant qui l'énerve. Pourquoi l'enfant du groupe des 5-10 ans semble-t-il nous irriter particulièrement ? Je pense que cela tient au fait que c'est l'âge où l'enfant veut ressembler aux adultes, ou à l'image qu'il se fait de l'adulte. D'ailleurs, cette idée nous accompagne pendant toute notre vie. En effet, beaucoup d'adultes disent qu'ils ne sont jamais devenus adultes, du moins pas complètement, mais qu'ils font semblant. C'est comme si nous conservions en mémoire l'image de l'adulte que nous avions quand nous étions enfants : l'adulte modèle, raisonnable, sérieux, maître de soi et infaillible. L'enfant qui conteste ou qui n'obéit pas, fait vaciller notre statut d'adulte et nous accule à une défense opiniâtre de notre position. Face à un bébé ou à un petit enfant, notre rôle est clairement celui de parent, mais face à un enfant plus âgé – à plus forte raison un teen-ager – notre position est menacée. Nous en arrivons à demander : «Mais c'est qui le parent ici ?» Notre confiance en nous-mêmes est ébranlée et au lieu d'agir comme des parents, c'est-à-dire dans l'intérêt de l'enfant comme de nous-mêmes, nous nous conduisons comme des pseudo-adultes, c'est-à-dire comme l'enfant qui joue au parent.

Les sanctions

L'âge dont nous parlons ici est celui de la logique, de la justice et de l'honnêteté. L'enfant apprend à satisfaire à des exigences dont il a besoin de comprendre les motifs. Il faut des limites, bien sûr, mais ce n'est pas facile de les faire respecter. Ma fille Holly a dix ans et elle me presse de dire clairement dans mon livre qu'il est important que l'adulte dise «non» gentiment, sans crier ni gronder trop fort, sinon, dit-elle, «les enfants n'écoutent plus». Je suis du même avis. Les limites servent à sécuriser les enfants et à entretenir leur souplesse émotionnelle. Tout est affaire d'équilibre et de motivation. Votre «non» manquera son but s'il sert de représailles ou de moyen de couper court. Il en sera de même si vous dites «non» pour votre tranquillité plutôt que pour le bien de votre enfant. Si vous savez que vous dites «non» pour le bien de l'enfant, vous serez plus convaincant et la communication passera mieux.

Cependant, vous devrez parfois renforcer votre détermination, généralement à l'aide d'une sanction.

> Georges a six ans. Il est à la maison avec son ami Jimmy. De mauvaise humeur, il casse un petit camion. Après le départ de Jimmy, Georges, inconsolable, exige un nouveau petit camion. Sa mère décide de ne pas remplacer tout de suite le jouet qu'il a cassé et lui interdit aussi d'inviter un ami à la maison pendant une semaine, pour lui apprendre à se conduire mieux.

Généralement, quand on demande aux enfants leur avis sur les sanctions, ils en imaginent de plus sévères que les adultes. Les sanctions qui se justifient sont celles qui apportent quelque chose à l'épanouissement de l'enfant. Celles qui terrorisent l'enfant ou qui l'asservissent n'arrangent rien. Ce qui épanouit l'enfant, c'est de savoir que ses parents vont s'investir pour lui, qu'ils sont prêts à affronter des difficultés, des discussions, des accrochages, pour son bien à lui. La bonne sanction est donc celle qui est proportionnée à la faute, comme dans le cas de Georges. Elle doit être ponctuelle ; elle ne peut pas représenter un jugement global sur l'enfant. Elle doit être dosée : suffisante pour pousser à la réflexion, sans inhiber l'apprentissage. Vous devez croire au bien-fondé de la sanction et vous y tenir. Et tant pis si cela vous rend impopulaire.

Il est important que la sanction se réfère à l'enfant et non pas à vous. Dire à un enfant que son attitude vous rend malade, c'est lui faire endosser une responsabilité qui le dépasse. Ne dites pas : «Tu vas me tuer si tu continues comme ça», simplement parce que c'est faux. L'enfant est responsable de sa conduite, mais c'est vous qui êtes responsable de vos réactions à sa conduite.

Nous aimons penser que nous sommes de bons parents, et nous espérons que nos enfants le pensent aussi. Mais cette belle idée est ébranlée dès qu'il y a conflit. Quand nous disons «non» et qu'ils contestent et nous accusent d'être méchants, nous sentons qu'ils n'ont plus de nous cette belle image et nous pourrions être tentés de la restaurer en revenant sur notre décision. Nous devons nous préparer à être impopulaires, en restant persuadés que nous ne sommes pas si mauvais.

En résumé

Avant l'école primaire, l'environnement de l'enfant avait un caractère très familial. Maintenant, l'enfant doit s'habituer à faire partie d'un groupe, et il doit, plus que par le passé, répondre à des attentes. Son monde se peuple de règles à observer et de tâches à remplir. Dire «non», c'est s'établir en tant qu'individu séparé et mettre une distance entre le désir, la pensée et l'acte. Le contrôle, qu'il vienne de l'intérieur ou du dehors, est important à cet âge. Ces enfants aiment les règles et les structures, car elles les aident à contenir leurs pulsions infantiles et, par conséquent, à se concentrer pour apprendre. A cet âge, utiliser et explorer le langage, l'esprit, l'intelligence, est comme un jeu et un plaisir. Le petit enfant devait apprendre à marcher, courir, manipuler, parler, communiquer. Entre cinq et dix ans, l'enfant ratisse plus large et plus finement. Il noue de nouvelles relations, négocie en cas de conflit, trouve sa place dans le groupe social. Pour faire tout cela – s'ouvrir à d'autres personnes, à d'autres idées, aux savoir-faire et aux apprentissages –, il doit pouvoir s'appuyer sur des bases solides. Il doit se sentir autonome, avoir confiance en soi et penser que le monde a beaucoup à lui offrir. Les limites judicieusement imposées l'aideront à s'épanouir, à s'ouvrir aux autres et au monde.

4

L'adolescence

Je sais que je ne suis guère qu'un grain de poussière
Et pourtant parfois
Dans l'immensité du ciel et de la terre
Je me sens à l'étroit.

KUJO TAKEKO

Le temps des transformations

Autrefois, «l'adolescence» n'existait pas dans de nombreuses cultures. Dès la puberté, la jeune fille devait porter des enfants et le jeune garçon devait travailler. Dans nos sociétés, on ne sait pas encore très bien si l'adolescent est encore un enfant ou si c'est déjà un jeune adulte, mais ce qui est sûr, c'est que la période que l'on appelle «adolescence» tend à devenir de plus en plus longue. En psychothérapie, est encore considéré comme adolescent le jeune de vingt ans qui dépend toujours de ses parents. C'est le cas d'un étudiant qui n'aurait pas encore quitté le giron familial. Bien sûr, il y a des différences fondamentales entre le monde des jeunes adolescents et celui des adolescents presque adultes, de même qu'entre le monde des ados filles et celui des ados garçons. Les psychologues considèrent l'adolescence comme une période critique, une période où l'enfant, après une phase calme de consolidation, voit resurgir les drames de sa petite enfance, revisités dans un contexte de sexualité naissante. On compare souvent l'adolescence à une haie qu'il faut franchir, et les caricatures dépeignent souvent les adolescents comme des êtres rongés par les soucis. Il ne faut cependant pas oublier que c'est une période de développement extraordinaire. Les parents sont d'ailleurs parfois très émus d'assister à l'entrée de leur enfant dans le monde adulte.

A ce stade, le problème du «non» se complique. Faut-il toujours mettre des limites et si oui, comment ? C'est aussi un stade où nous devons nous «retenir», lâcher un peu la bride, pour permettre à nos enfants de grandir, de découvrir par eux-mêmes. La principale question qui hante l'esprit du jeune à ce moment-là est une question d'identité : «Qui suis-je ?»

Un étranger habite mon corps

Les premières années d'adolescence, entre douze et quatorze ans, sont marquées par de grands bouleversements. La transformation physique est plus rapide qu'à n'importe quel autre moment de la vie (excepté la vie intra-utérine). La sexualité prend forme. Les parents ont souvent le sentiment que l'enfant a changé, qu'il est devenu un étranger dans la maison. Ils ont tendance à oublier que l'enfant se sent étranger à lui-même. Le corps subit des changements considérables, attisant de nouvelles émotions. Les hormones se déchaînent et l'enfant peut passer des larmes à l'euphorie, puis à l'excitation en un clin d'œil. C'est l'âge de tous les extrêmes. L'enfant a pour principale préoccupation son corps, ses sensations, et son apparence : est-il beau, laid, comment les autres le voient-ils ? Certains aspects de lui-même auxquels il était habitué commencent à changer. Certaines de ces transformations, sur lesquelles les adultes font toujours des commentaires, sont bien trop visibles. Devant le garçon qui commence à avoir de la barbe et la jeune fille dont le corps se transforme, les adultes ne peuvent souvent retenir un «Comme tu as grandi !», ou encore «Tu n'es plus un enfant maintenant, tu es un homme». Une transformation que l'enfant ressent comme très intime est visible aux yeux de tous. La jeune fille est non seulement confrontée à une transformation physique, mais aussi à la survenue des règles et donc à la prise de conscience qu'elle pourrait devenir mère. Elle doit accepter le fait qu'elle pourrait avoir à assumer des responsabilités d'adulte avant d'en avoir la maturité. Le garçon est moins préoccupé par cela. Son souci principal, c'est sa virilité, souvent liée au succès et à la réussite. Il doit aussi vivre cet étrange phénomène qu'est la mue, souvent vécue comme si quelqu'un d'autre s'exprimait par sa voix.

L'adolescent pleure facilement et s'il est suffisamment proche de ses parents pour leur parler, il exprimera son désarroi : «Je suis triste», «Je me sens vraiment seul», «Personne ne m'aime à l'école», «Tout le monde se moque de moi», suivi de «Mais je ne sais pas pourquoi». Même si tout prouve le contraire, que les amis téléphonent à la maison, que l'enfant est admiré et que sa compagnie est recherchée, son sentiment d'insécurité et d'isolement est bien réel.

Autre mystère : la facilité avec laquelle l'adolescent passe du rire aux larmes. Il peut très bien être euphorique et dans la seconde qui suit, sombrer dans le désespoir le plus noir. Son humeur et l'image qu'il a de lui-même changent comme le vent tourne. L'adolescent se sent fragmenté, il ne sait sur quoi s'appuyer. Sera-t-il de bonne humeur demain, ou bien dans le trente-sixième dessous ? Souvent, les parents ne savent plus que faire pour bien faire. Suzy est-elle d'humeur suffisamment joyeuse pour que sa mère lui touche un mot du capharnaüm dans sa chambre ? Ou bien la moindre remarque va-t-elle la plonger dans un état de dépression ? L'adolescent peut, par moments, faire preuve d'indépendance et de maturité, et à d'autre, être carrément infantile. C'est très déstabilisant pour les parents. Si vous parlez à l'enfant qui est en lui, l'adolescent peut vous reprocher votre condescendance, votre manque de confiance. Si par contre, vous le traitez en adulte, il risque de se sentir dépassé et abandonné. Cela se vérifie dans les conflits mineurs. Par exemple : il veut savoir à quelle heure est la séance d'un film qu'il aimerait voir et vous l'encouragez à appeler la salle de cinéma. L'adolescent peut très bien, à ce moment-là, vous reprocher de le traiter en adulte et vous dire que les autres mères ne demandent jamais à leurs enfants de téléphoner eux-mêmes. Et lorsque, plus tard dans la soirée, vous vous inquiétez de savoir avec qui il va sortir et comment il compte rentrer, il peut vous répondre qu'il n'est plus un bébé et vous reprocher de vouloir le couver. A ce stade, on dirait que quelle que soit la personnalité à laquelle vous vous adressez, on vous accusera toujours de négliger l'autre. Cette imprévisibilité incite tous les membres de la famille à marcher sur des œufs. Faut-il dire «non» ? Faut-il imposer des limites ? La question est très délicate, et nombreux sont les parents qui, à ce stade de la vie de leur enfant, éprouvent un sentiment d'échec.

La maison : un lieu sûr

Durant cette période de changements, d'insécurité et de mouvement, il arrive que l'enfant grandissant ne se sente plus maître de la situation. Ce qui importe par-dessus tout, à ce moment-là, c'est que les parents ne se sentent pas eux aussi envahis par le même sentiment. Dans le premier chapitre, je parle de la faculté de la mère à «contenir» son bébé, de sa capacité à transformer des sentiments d'affolement en émotions plus contrôlables. Quand l'enfant devient adolescent, il faut faire la même démarche mais en l'adaptant. Quand le bébé pleure, il suffit de le prendre dans ses bras et de le calmer. L'adolescent s'exprime autrement. Il sera envahi par toutes sortes d'émotions : la colère, la provocation, la crainte, la tristesse, etc. Dans les moments de crise, on peut parfois l'aider en lui parlant, ou simplement en étant là. Mais plus subtilement, c'est la maison, le cocon, qui l'aidera le plus à se sentir entouré et sécurisé. C'est notre aptitude à établir des règles, à nous y tenir, à saisir ce qui est juste ou non, qui aidera l'adolescent à sentir jusqu'à quel point il peut se risquer à s'éloigner de cette base solide qu'est la maison. La clé est d'être à la fois ferme et souple.

Lorsque l'enfant chancelle, nous pouvons le soutenir physiquement, mais plus encore psychologiquement. C'est une façon de lui donner de l'assurance. C'est aux parents de s'accommoder des changements qui se produisent chez l'enfant. C'est à eux de rajuster l'image qu'ils ont de leur enfant, en même temps que lui-même s'adapte aux changements qui se produisent en lui. Nous avons vu tout au long de cet ouvrage que nous cherchons tous à savoir qui nous sommes, notamment à travers le regard des autres. Nous apprenons à nous connaître en observant la réaction des autres, les émotions que nous suscitons. Lorsqu'on est très différent d'un jour à l'autre, cela devient difficile de susciter une réponse lisible. L'exercice imposé aux parents est assez difficile : il s'agit en effet d'être à l'écoute de l'enfant nouveau qu'ils découvrent tout en gardant à l'esprit l'enfant qu'ils connaissent.

Cela peut être une réelle source de stabilité pour l'adolescent de savoir que ses parents ont confiance en lui, qu'ils savent que l'enfant qu'ils ont connu jusque-là est et sera toujours présent dans l'adulte qui se développe. Ce que nous pouvons faire de mieux, nous parents, c'est d'assister l'enfant dans la quête de son identité, et d'accueillir sereinement toutes les apparences qu'il peut prendre jusqu'à ce qu'il trouve celle qui lui convient, et de rester persuadé que c'est le fond, le cœur de la personnalité de l'enfant qui importe. Je sais que c'est parfois difficile de s'imaginer tout cela quand l'enfant est rebelle, crasseux, asocial, que sais-je ? Mais s'il voit à travers votre regard une image positive de lui-même, cela peut l'encourager à s'efforcer de faire les bons choix. Bien sûr, il ne faut pas non plus fermer les yeux sur tout, ni se laisser prendre au jeu du chantage à la confiance qui consiste à penser que si vous lui faites confiance, il ne peut pas vous décevoir. Je parle simplement de la confiance que vous savez pouvoir lui faire et qu'il a gagnée grâce à l'éducation que vous lui avez donnée. Confiance qui lui permettra de commencer à voler de ses propres ailes.

Des limites raisonnables

Nous avons vu, dans les chapitres précédents, comment les structures, les règlements et les limites peuvent rassurer les enfants. L'adolescent, lui, se soulève contre les règlements et considère généralement que les limites qu'on lui impose sont frustrantes, voire invalidantes. Cela signifie-t-il que nous devons y renoncer ? L'adolescent a peut-être besoin d'être celui qui enfreint le règlement. Encore une fois, nous sommes confrontés au jeu de l'équilibre. La nécessité de l'adolescent est double. D'une part, il a besoin de parents adversaires contre lesquels se rebeller. Tout comme le bébé qui donne des coups de pieds dans votre main pour mesurer sa force et pour voir jusqu'où il peut aller, l'adolescent peut, lui aussi, avoir besoin de rencontrer une résistance pour avoir l'occasion d'explorer ses limites. Il est important de ne pas occulter ce phénomène, important de ne pas toujours jouer au «bon» parent quand tout ce que l'adolescent recherche, c'est de combattre le «mauvais» parent. Peut-être discute-t-il simplement pour découvrir ce qu'il pense vraiment. Peut-être rejette-t-il votre point de vue dans le seul but de découvrir le sien. Ce n'est pas en le gagnant systématiquement au vôtre ou en adoptant toujours le sien que vous l'aiderez à déployer ses ailes. Par contre, apprendre à régler un conflit, à vider une querelle, aidera l'adolescent à prendre de l'assurance.

D'autre part, il a parfois besoin qu'on lui oppose un «non» ferme et définitif. Il arrive que l'enfant souhaite vraiment que vous lui posiez des limites, notamment lorsque quelque chose l'effraie ou l'ennuie. Cela lui permet de sauver la face devant les autres et de ne pas faillir à sa réputation d'aventurier.

> Sabine, douze ans, est invitée par ses amies de classe à participer à une sortie au marché du dimanche, dans un quartier sensible de la ville. Sabine est à la fois excitée et anxieuse à l'idée de ce projet. Plus elle demande à sa mère l'autorisation de sortir, plus il apparaît que ses propres sentiments sont très partagés. Cette virée pour laquelle elle

se devait d'être enthousiaste ne fait finalement que l'angoisser. Elle n'obtient pas l'autorisation de sa mère. Sabine est contrariée et accuse sa mère de trop la couver et d'être injuste. Le dimanche venu, Sabine est malgré tout souriante et très gentille avec sa mère. Elle est visiblement soulagée d'avoir pu dire à ses amies qu'elle aurait bien aimé les accompagner mais que sa mère n'a pas voulu.

Dans ce cas de figure assez courant, l'adolescent peut garder la position de «celui qui ose», tandis que vous jouez le rôle de celui qui interdit, ce que souvent il souhaite, consciemment ou non. Ce genre de situation se reproduit tous les jours : vous l'engagez à se coucher tôt lorsque vous voyez qu'il tombe de sommeil, ou bien lorsque votre jeune «ado» veut sortir avec des amis plus âgés que lui, vous vous en tenez à vos règles qui, si elles ne valent pas pour ses amis, restent valables pour lui.

L'adolescent parle avec passion, défie ses parents avec violence. Il a besoin d'entendre, dans votre voix, un écho à ses émotions. Si vous répondez très calmement ou si, à l'inverse, vous montez carrément le ton, il peut avoir le sentiment que vous n'avez pas vraiment entendu ce qu'il a dit. Il peut penser qu'il n'a pas fait mouche. Il est indispensable de se montrer froissé par son acte de bravade, de se montrer ému par l'émotion qu'il manifeste. Ce qui importe, c'est la façon dont nous traitons cette remise en question des règles par l'adolescent, et le ton choisi pour nous exprimer.

Parfois, nous nous retrouvons dans une position incertaine car nous ne sommes plus sûrs de ce qui est bon pour lui. C'est à ces moments de grand flou que nous remettons notre autorité en question. L'adolescent se rend compte à ce moment-là que vous écoutez ce qu'il vous dit, et que vous-même êtes face à un dilemme. Ceci l'aide, car il sent que vous êtes quelqu'un d'ouvert et non d'inflexible. Ce qui importe, c'est de pouvoir être souple quand on n'est pas sûr, plutôt que de céder parce que l'on veut éviter un conflit ou parce qu'on ne peut supporter d'être impopulaire.

A cet âge-là, ce que l'adulte a de mieux à offrir, c'est son avis. L'adolescent peut désobéir et mettre en œuvre, pour nous défier, des moyens dont les plus jeunes enfants ne disposent pas. Il peut quitter la maison, il peut se faire du mal ou vous faire du mal. Les règlements sont surtout efficaces parce qu'ils sont compris, et qu'ils exercent une pression interne sur l'adolescent. Ils prennent tout leur sens quand ils sont renforcés par le respect mutuel. Un enfant qui sent que ses parents l'aiment est plus susceptible de respecter leur décision ; de même, les parents qui sentent que leur enfant est ouvert et honnête écouteront son point de vue. Il y a cependant des moments où la règle doit être appliquée, où l'enfant doit être interdit de sortie, où les privilèges doivent être abolis. Il arrive qu'à ce moment-là, on aille chercher de l'aide à l'extérieur.

Comment les adolescents perçoivent-ils le problème des interdits ? Pendant que j'écrivais ce livre, j'ai parlé avec de nombreux adolescents et j'ai été surprise de voir combien ils attendent de leurs parents qu'ils fixent des règles. Je pense que les avis recueillis sont assez parlants.

▶ Ils voulaient que leurs parents les incitent à arrêter de fumer et de boire, en disant simplement : «C'est mauvais pour ta santé, tu ne penses pas ?» Dans cet exemple, les parents sont supposés protéger l'adolescent contre ce qui est «mauvais». Cela ne signifie nullement qu'il va faire ce que ses parents lui conseillent, mais c'est la position qu'il espère les voir tenir. Les adolescents trouvaient souvent que les règles étaient judicieuses. Les parents qui insistent sur certains points cherchent à faire passer un message. Par exemple, lorsque vous insistez pour savoir où il va et à quelle heure il compte rentrer, vous donnez à l'ado une certaine liberté, à l'intérieur de limites. Vous faites comprendre que les notions de lieu et d'espace ont de l'importance. En fait, tout ce que vous cherchez, c'est à pouvoir vous assurer qu'il va bien et que vous pourrez le joindre en cas d'urgence. Ces préoccupations qui vous habitent, donnent à l'enfant l'assurance que vous vous souciez de lui. Vous pouvez évidemment interdire une sortie si ces conditions ne sont pas remplies. L'adolescent se rebellera, vous reprochera de ne pas lui faire confiance, etc. C'est à vous de juger s'il a raison, ou si vous vous opposez à cette sortie pour son bien, et pour avoir l'esprit en paix. Lorsque, malgré ses protestations et la pression qu'il exerce, vous ne cédez pas, il sent que vous êtes prête à vous battre pour son bien à lui, que vous ne le laisserez pas prendre de risques, ou que vous ne permettrez pas que des tiers l'exposent à un danger. Cela renforce énormément son fonds d'amour-propre et son sentiment de sécurité.

▶ Les adolescents avec lesquels j'ai parlé trouvaient très important que les parents leur fassent confiance, soient ouverts et se laissent convaincre par un bon argument. Ils tenaient à ce que leurs parents fassent preuve d'une certaine souplesse. Encore une fois, disponibilité et écoute donnent à l'adolescent le sentiment qu'il compte beaucoup pour vous. Vous ne faites pas qu'appliquer des règles arbitraires. Le «non» a un sens : il signifie que vous vous faites du souci pour lui. Evidemment, s'il sait que vous pouvez changer d'avis, la pression sera forte ! Souvent, les parents se cramponnent à un «non» ferme et définitif, juste pour éviter une discussion sans fin. Mais si vous l'écoutez, votre décision finale, que ce soit «oui» ou «non», sera le résultat d'un échange. Parfois vous vous sentirez «vache», parfois votre enfant vous trouvera infecte. Mais le plus important de tout, c'est que vous aurez pris votre décision après un travail de réflexion. C'est une chose que l'adolescent retiendra : après examen de tous les facteurs, on peut rester sur ses positions même si cela doit vous rendre impopulaire.

▶ Les adolescents interrogés trouvaient que les règles doivent être fixées tôt, de sorte que, arrivé à l'adolescence, on s'y soit habitué. Ils me citaient notamment l'exemple des devoirs, de l'aide aux travaux ménagers, etc. Ils parlaient du danger de la corruption : «Si vous payez quelqu'un pour faire quelque chose, il voudra être payé à chaque fois.» Ils parlaient du mal qu'ils ont parfois à faire la distinction entre un «non» pour leur bien, et un «non» lié à un manque de confiance. Ils étaient d'accord pour dire que lorsqu'ils essuyaient un refus, ils avaient souvent l'impression qu'on ne leur faisait pas confiance, qu'on ne les aimait pas, ou bien ressentaient un sentiment d'injustice par rapport à un aîné qui obtenait la permission. Ils trouvaient indispensable d'imposer des limites, mais disaient que les parents devraient tenir compte de ce qui est généralement permis chez les autres, avant de décider d'interdire. Ils disaient également combien il est pénible d'avoir des parents trop protecteurs et qui vivent en décalage avec le reste du monde. Ils admettaient qu'eux-mêmes ont du mal à dire «non», en particulier à ceux qui sont très populaires, et que l'on a envie d'impressionner. Ils trouvaient aussi qu'il est plus facile de dire «non» à un étranger, plutôt qu'à quelqu'un que l'on aime, ou qui n'a pas encore tout à fait arrêté son opinion sur vous.

Les réponses sensées et réfléchies des adolescents aux questions de limites sont à l'opposé de ce que parents et enfants ressentent dans le feu de la discussion, au beau milieu d'une dispute. Mais ces réponses m'ont permis de me rappeler que l'adolescence ne se résume pas à une «crise», à un âge où toutes les règles et toutes les limites sont contestées. C'est aussi l'âge auquel de nouveaux codes d'éthique s'établissent, l'âge auquel l'adolescent cherche à voir quelle sorte d'adulte, voire quelle sorte de parent, il souhaite devenir, quelle sorte de vie il voudrait vivre. C'est le temps de toutes les opportunités.

Etre ferme

Bien que les règles et les limites soient considérées comme indispensables, aussi bien par les parents que par les adolescents, c'est parfois dur de rester ferme.

M. et Mme P. ont deux filles âgées de quinze et seize ans. Monsieur P. exerce un métier qui l'oblige à s'absenter souvent de la maison. L'éducation des enfants est surtout assurée par Mme P. qui a eu une éducation assez stricte et a grandi dans la crainte du père. Quand ses filles étaient petites, Mme P. a reproduit le schéma auquel elle était habituée, un schéma de rigueur et de fermeté. Les enfants devaient aller se coucher à 18 heures, la maison était toujours impeccable, aucun jouet ne traînait. Un jour, la mère d'un autre enfant fit même remarquer qu'à côté des enfants P., «les autres avaient l'air de petits sauvages». Mme P. donnait en fait à ses enfants l'éducation qu'elle-même avait reçue, alors qu'elle n'avait pas vraiment eu une enfance heureuse. Mais elle avait l'impression de ne pas connaître d'autre méthode.

Quand les petites filles commencèrent à rencontrer d'autres enfants, leur mère et elles-mêmes découvrirent un monde totalement différent. Mme P. commença à douter d'elle. Après tout, elle n'avait pas aimé la façon dont elle avait été élevée. Elle essaya alors d'imiter les autres parents : elle devint plus indulgente et, surtout, cessa de donner des claques. Cependant, elle avait l'impression de n'avoir aucune solution de remplacement, aucun autre moyen de fixer des limites. Tant que ses filles étaient petites, cela ne posa pas trop de problèmes. Mais elles étaient vives et intelligentes et, en grandissant, elles se mirent à contester systématiquement et d'énormes disputes éclatèrent. Le régime d'obéissance antérieur était basé sur la force et la peur ; maintenant, il n'y avait plus ni hiérarchie ni respect et tout le monde se sentait perdu.

La situation devint particulièrement insupportable quand Jessica, l'aînée, eut seize ans. Mme P. ne supportait plus ces bagarres incessantes. La jeune fille avait obtenu, à la surprise générale, de bons résultats à ses examens. Elle insista alors pour quitter la maison et entrer en apprentissage. On pesa le pour et le contre d'un tel choix, et un conflit éclata. M. et Mme P. étaient d'accord pour dire que ce n'était pas une bonne idée, que Jessica était trop jeune pour être livrée à elle-même, qu'elle perdrait ses amis de l'école et qu'elle se sentirait mal à l'aise dans un groupe de gens probablement beaucoup plus âgés qu'elle. Ils étaient aussi angoissés à l'idée que leur fille se retrouve avec des hommes, plutôt qu'avec des garçons de son âge. Jessica défendit son point de vue, non en disant ce qu'elle pourrait gagner à suivre une telle formation, mais en critiquant ses parents, la façon dont elle était traitée et en disant combien elle était malheureuse à la maison.

Bien qu'ils savaient que ce n'était pas la meilleure solution, ses parents la laissèrent partir, avant tout pour avoir la paix. Ils se dirent également que c'était sa vie, et qu'elle pouvait la mener à sa guise. Aujourd'hui, et c'était prévisible, Jessica est très malheureuse du choix qu'elle a fait et en veut à ses parents d'avoir cédé, de ne pas avoir dit «non», de ne pas l'avoir obligée à rester un peu plus longtemps à la maison alors qu'elle n'était pas prête à assumer des responsabilités d'adulte.

Dans cet exemple plutôt frappant, on voit combien il est dangereux de ne pas avoir un sens aigu des limites, dès le début. Au cours de son enfance, Mme P. n'a pas vraiment fait l'expérience des limites imposées fermement mais gentiment. Elle n'avait connu que les règles dures auxquelles il fallait obéir sans discussion. Elle n'imaginait pas qu'on pouvait faire le bien de ses enfants en imposant des limites et en faisant preuve de fermeté. De plus, l'isolement dans lequel elle se trouvait du fait d'un mari toujours absent faisait d'elle une mère particulièrement sévère, redoutant toujours le chaos à la maison. Les petites filles, de leur côté, se rendaient compte que leur mère était peu à l'aise avec elles et elles l'accusaient de ne pas les aimer. Comme c'est souvent le cas, ce sentiment se transforma en une arme qu'elles retournèrent plus tard contre leur mère. Lorsque Mme P. se dit un jour qu'elle ne pouvait continuer à élever ses enfants comme elle-même avait été élevée, elle se retrouva sans moyens, un peu dans la position d'un enfant qui ne sait que faire dans une situation qui le dépasse. Les petites se virent livrées à elles-mêmes sans la surveillance ni, par conséquent, la protection d'un adulte, comme des orphelines. Il n'y avait plus deux enfants et une mère mais trois enfants. Une position ferme, fondée sur ce qui était de l'intérêt de Jessica, aurait été une garantie pour son statut de grand enfant, d'adolescente encore éloignée du monde des adultes. Malheureusement, Jessica se retrouve aujourd'hui dans la peau d'une pseudo-adulte, prématurément lâchée dans la vie.

Pour pouvoir fixer des limites fermes et raisonnables, notre expérience doit nous avoir fourni les preuves de leur efficacité. Notre comportement est alors guidé par une sorte de confiance intérieure qui se transmet naturellement à nos enfants.

Le rôle des parents

Lorsque les parents ne remplissent pas leur rôle de parents, cela crée souvent des problèmes à l'école et à la maison.

> Laurent, douze ans, un garçon intelligent, a des problèmes de comportement à l'école. Il est déchaîné à la maison, claque les portes, crie et désobéit. A l'école, il a sans arrêt des ennuis. En séance, il dit qu'il se fait brutaliser à l'école, mais il ne dit rien à ses parents car il les sent incapables de gérer le problème. Il ne les croit pas aptes à agir efficacement. Laurent est un garçon beaucoup plus malin que ses parents qui disent oui à tout pour éviter les conflits. Lorsqu'ils essaient d'établir une hiérarchie,

> Laurent se rebelle et crie. Se sentant désarmés, les parents abandonnent. En séance, Laurent répond pour la famille, même quand le thérapeute lui fait remarquer qu'il s'adresse à ses parents. Laurent n'occupe pas la position d'un enfant à la maison. Il est au courant des affaires de la famille, y compris de sa situation financière.

Laurent occupait une position privilégiée et influente, mais trop lourde pour lui. A l'image des tyrans en culottes courtes du chapitre 2, il occupait une position difficile. Il avait le sentiment d'avoir des responsabilités sans avoir les moyens de les assumer. En thérapie, on a essayé de réintégrer la mère et le père dans leur rôle de parents. Laurent a dû renoncer à son pouvoir, mais il a pu redevenir un enfant qui grandit normalement.

Lorsqu'un adolescent a trop de responsabilités, son développement s'en trouve affecté. Les répercussions peuvent être physiques également.

> David, quatorze ans, est victime de crises bizarres : des vertiges accompagnés de maux de tête atroces. C'est un garçon réfléchi et sérieux qui vit dans un quartier difficile. Sa mère a un comportement d'adolescente. Elle a trois enfants nés de trois pères différents. Elle déménage régulièrement sans vraiment penser à ce que ces changements impliquent pour ses enfants : quitter l'école et les amis. Elle a régulièrement des liaisons avec des hommes, mais il n'y a pas de présence masculine stable dans la famille. David devient le petit homme de la maison, et se comporte en protecteur de ses frère et sœur. Il se sent responsable de la stabilité dans la maison. Il n'ose pas trop contrarier sa mère, prend la relève et s'investit de la responsabilité parentale. Ses maux de tête lui permettent d'être assisté, un peu comme si tomber malade était devenu le seul moyen d'être choyé. Nous parlons de ces problèmes avec la mère pour essayer d'alléger la charge qui

pèse sur les épaules de David. Mais la mère, objectant qu'elle va très bien, refuse tout traitement. Elle ne voit pas en quoi le problème de David aurait un côté émotionnel ou un lien quelconque avec elle. Plus tard, David recevra une assistance médicale ponctuelle quand la pression sera trop forte. Mais les maux de tête persisteront.

Parfois, les émotions ne trouvent d'autre moyen de s'exprimer qu'à travers le corps. Dans l'exemple ci-dessus, le comportement infantile de la mère et son incapacité à prendre en charge sa petite famille, obligent le jeune David à assumer une responsabilité d'adulte. Dans le cas présent, c'est la mère qui n'arrive pas à dire «non» à elle-même. Il arrive également que l'enfant insiste pour jouer le rôle de parent, notamment en l'absence du père. Si tel est le cas, la mère doit faire preuve de fermeté, dire «non» à l'enfant chaque fois qu'il veut endosser le rôle qui n'est pas le sien. C'est une tâche difficile qui demande beaucoup de courage.

Parfois, nous nous sentons tellement proches de nos enfants et de ce qu'ils vivent que nous n'arrivons plus à faire la distinction entre leurs émotions et les nôtres.

Nicolas, onze ans, a été envoyé dans un centre psychiatrique pour enfants et adolescents parce qu'il trouvait difficile le passage en secondaire et refusait d'aller à l'école. Nicolas est l'aîné d'une famille de quatre enfants. Il n'a donc pas pu voir ses frères et sœurs passer de l'école primaire à l'école secondaire. Les parents sont tous deux dépressifs. Ce sont des gens doux qui évitent généralement les conflits. La mère est très occupée par son travail. Le père passe beaucoup de temps avec ses enfants car il travaille la nuit. Il se comporte un peu comme un grand frère et joue beaucoup avec eux. Les parents poussent Nicolas à grandir vite. Nicolas possède, par exemple, son propre trousseau de clés de la maison. Mais il n'aime pas aller tout seul à l'école. Il est très attaché à son père et rechigne de plus en plus à aller à l'école. Si on insiste, il se jette par terre et pique des colères comme s'il avait deux ans. A l'école, il est souvent en classe de rattrapage, alors qu'il n'a pas vraiment besoin d'assistance. Il montre par tous les moyens qu'il a peur de grandir. Ses parents se font du souci pour lui, ce qui le conforte dans l'idée que le monde extérieur est plutôt dangereux. Ils sont trop protecteurs avec David, et quand il fait le bébé, ils le traitent comme un bébé.

La thérapeute qui a vu les parents de Nicolas s'est efforcée de les aider à devenir plus forts, plus fermes. Elle a réfléchi avec eux aux moyens de rendre l'école et le fait de grandir plus attrayants. Elle s'est aussi appliquée à leur faire distinguer leurs craintes et leurs angoisses de celles de Nicolas. Les parents ont aussi parlé avec le professeur principal de Nicolas. Ils ont découvert un milieu scolaire humain et ouvert à la réflexion. Ici, une fois de plus, nous voyons comment l'école, le nouvel environnement peuvent être présentés sous un jour attirant ou dangereux, selon l'imagination ou les souvenirs des parents. Il est essentiel de vérifier et d'essayer de comprendre la situation de votre enfant plutôt que de vous baser sur le souvenir que vous gardez de votre expérience scolaire. Mis en confiance par ce qu'ils ont vu, les parents ont été capables de convaincre Nicolas de retourner à l'école. Ils lui ont acheté un vélo pour s'y rendre tout seul. Nicolas, quant à lui, se sent plus sûr de lui et arrive généralement à se débrouiller.

Par souci de rester proches de nos enfants, nous avons quelquefois du mal à faire preuve de fermeté. Sous la pression, nous renonçont souvent à dire «non». Pour les parents, entrer en conflit avec les enfants, c'est manquer de proximité, c'est briser le lien privilégié qui les unit à leurs enfants, d'où l'hésitation à dire «non». L'ennui, c'est que les parents qui disent «oui» à tout finissent par éprouver du ressentiment. L'adolescent lui aussi est insatisfait lorsqu'il voit combien il en coûte à ses parents. L'adolescent dont les parents ne disent jamais «non», finit par avoir l'impression d'être un tyran, un despote. Un grand ado peut très bien sentir la gêne de ses parents qui n'osent pas dire leur désaccord. Il en éprouvera un sentiment de culpabilité qui le gênera à son tour. Les sentiments sous-jacents d'exploitation, de manipulation et de chantage affectif sont bien plus déprimants qu'une franche dispute. Eviter tous les conflits nous prive de l'occasion d'apprendre à les résoudre. On se trouve dans une situation latente de dispute qui n'éclate jamais, mais qui toujours menace.

Il arrive que les parents rechignent à dire non parce qu'ils veulent garder cette image de gentillesse qu'ils ont d'eux-mêmes. Cependant, quand l'adolescent en profite, ses parents se sentent abusés. Dans ce genre de situation, on se retrouve parfois avec un adolescent infantile qui a l'impression que tout est facile parce que vous avez toujours été là. Je me souviens d'une scène amusante dans la série télévisée américaine *Friends*, quand Rachel, une fille d'une vingtaine d'années, quitte la maison et part habiter avec des amis, parce qu'elle veut «se débrouiller seule». Lorsqu'elle rentre les bras chargés de paquets, ses amis lui demandent comment elle a fait pour payer. Rachel, triomphante, brandit une carte de crédit, mais elle est obligée d'admettre que c'est finalement son père qui paiera la note.

Aujourd'hui, il existe une catégorie d'adolescents plus âgés, des jeunes de vingt ans et plus, qui restent très dépendants de leurs parents. Le chômage et les problèmes de logement sont en partie responsables de ce phénomène nouveau. Mais je pense que l'incapacité des parents à dire «non» aux enfant trop dépendants y est aussi pour quelque chose. En les protégeant de la sorte, les parents empêchent leurs enfants d'avoir à lutter pour voler de leurs propres ailes.

> Nadia, quinze ans, est la fille de parents divorcés. Elle a passé son adolescence partagée entre son père et sa mère, à voyager d'un continent à l'autre. Ses deux parents se sont remariés pour fonder chacun un nouveau foyer. La première fois que j'entends parler de Nadia, c'est au cours

d'une séance de thérapie conjugale où je rencontre la mère et son nouveau mari. Ils sont venus me voir pour me parler de problèmes dans leur couple et des difficultés qu'ils ont à se mettre d'accord sur l'attitude à adopter avec cette enfant d'un précédent mariage. Ils ne cessent de se rejeter mutuellement la responsabilité des problèmes qu'ils rencontrent avec Nadia, en particulier dans le domaine des limites et des règlements. Le mari reproche à sa femme de gâter Nadia parce qu'elle se sent coupable de l'échec de son précédent mariage. Nadia, quant à elle, avec son comportement perturbé et perturbant, domine la famille. Elle vole de l'argent, rentre tard le soir, ment, se comporte comme une délinquante. Malgré les horreurs que l'on me raconte sur elle, je ne peux m'empêcher de penser combien cela doit être pénible pour Nadia de sentir qu'elle n'a pas sa place dans la famille.

Souvent, l'adolescent nous met à l'épreuve : jusqu'où peut-il aller avant de se faire réprimander ? Ce trait est présent chez tous les enfants, mais il est beaucoup plus marqué chez les enfants défavorisés, ceux qui sont placés dans des familles d'accueil ou trimballés d'un foyer à l'autre. C'est une façon détournée de demander : «A quel point m'aimes-tu vraiment ?»

La bravade de Nadia n'était que superficielle et son problème fut vite mis au jour. Quand nous pûmes discuter avec les parents de l'irritation qu'ils ressentaient de devoir s'occuper d'un enfant issu d'un autre mariage et de leur souhait, parfois, que Nadia ne vive pas avec eux, ils furent à même de comprendre que le comportement de l'enfant cachait autre chose qu'une propension à la délinquance. Ils ont admis que le sentiment de Nadia de n'avoir pas sa place dans la famille était justifié, car sa présence les gênait comme quelqu'un s'immisçant dans leur intimité et dont ils avaient quelquefois envie de se débarrasser. Ils ont admis qu'ils étaient pour quelque chose dans le comportement de Nadia et, à partir de là, ils ont pu commencer à examiner comment leur nouvelle famille pourrait intégrer l'ancienne et quel serait le rôle du beau-père.

Une fois qu'ils eurent exposé leurs points de vue sur la façon de combiner pour le mieux une nouvelle vie avec une famille préexistante, ils furent plus aptes à considérer la question de l'importance des limites et des règles. Est-ce que tout ce qui concernait Nadia serait laissé à la seule responsabilité de la mère ou bien décideraient-ils qu'il s'agissait d'une toute nouvelle famille avec ses propres règles ? Ils insistèrent aussi sur l'importance d'avoir des relations claires avec le père de Nadia concernant son bien-être et décidèrent quand et comment Nadia se rendrait chez son père. Le but était d'arriver à ce que les visites fassent partie d'un arrangement décidé de commun accord entre les parties, de façon à ce que Nadia ne soit plus ballottée d'un parent à l'autre.

Le problème de la place de l'adolescent dans la famille se pose souvent. Est-il le client d'une pension de famille ? Est-il l'enfant des parents ? Est-il un frère aîné responsable des plus jeunes ? Est-il là pour protéger un des parents ou pour se comporter en partenaire avec lui ? Ces questions surgissent un jour ou l'autre dans la plupart des familles et souvent tournent à la bagarre. Les parents doivent jouer leur rôle de parents : l'enfant a besoin de les percevoir comme un élément stable. Ils resteront ses parents quel que soit son comportement. Les parents doivent se sentir responsables de leur foyer, de la famille qu'ils vont créer. Un enfant qui sent que les limites et les barrières sont fragiles au point de pouvoir être renversées, sera mal dans sa peau et aura peur. Cela encouragera son côté destructeur plutôt que son sens de la créativité. La faculté des parents à dire «non» et à rester fermes sert de ceinture de sécurité à l'adolescent anxieux.

Se forger une identité

L'adolescence est l'âge où l'individu essaie de se forger une identité propre. La famille n'est plus la référence, les parents ne sont plus des modèles, ils n'occupent plus la position centrale qu'ils avaient l'habitude d'occuper. Désormais, l'école et les amis sont au centre des préoccupations de l'adolescent. Pour gagner son indépendance, l'adolescent doit se distancier des rapports qu'il entretenait avec ses parents. Et c'est difficile de changer d'attitude et d'habitudes avec quelqu'un qu'on a toujours connu. Il faut aller voir ailleurs pour développer de nouvelles connaissances. Même un adulte a du mal à changer les rapports qu'il entretient avec ses parents. Souvent, nous gardons le même comportement avec nos parents tout au long de notre vie, même si nos rapports avec les autres ont évolué.

L'adolescent recherche des modèles en dehors de la famille, des modèles auxquels il pourra se comparer en matière de pensée, d'idéologie, de religion, d'analyse, de mode. Certains de ces modèles seront des hommes politiques, des enseignants, des écrivains, d'autres seront issus du monde du spectacle, du cinéma, de la musique, d'autres encore de l'école, ou simplement du voisinage. L'adolescent devient responsable, probablement pour la première fois, de ses fréquentations. Il ne compte plus sur ses parents pour inviter des amis. Il doit résoudre tout seul de nombreux conflits. Les parents ne sont plus aussi présents que par le passé. Les adolescents se retrouvent entre eux, dans les transports publics, au cinéma, dans les jardins publics, au magasin, au coin d'une rue, n'importe où. L'adolescent doit résoudre seul, ou avec ses amis, les problèmes qui surgissent. Il doit faire preuve d'autonomie. Il n'y a plus quelqu'un à ses côtés pour lui rappeler les règles. C'est lui-même qui doit se les dicter. A ce stade, la conscience des dangers, des risques que comporte la vie doit être assimilé par lui, de même que l'importance à donner aux autres et à leurs besoins. Dans ce contexte, la pression exercée par les copains peut être assez forte pour inciter l'adolescent à modifier son comportement.

C'est à présent l'ado qui décide s'il obéit ou non à ce que ses parents lui ont appris quand il était petit. Ce qui est variable. Pour l'aider à se forger lui-même des limites, ses parents doivent lui laisser une certaine liberté de choix. Les parents doivent évoluer avec leurs enfants. Ils doivent découvrir une nouvelle façon d'être, un peu comme à la naissance d'un premier bébé. Ils doivent désormais laisser leur jeune enfant prendre du large et l'aider à devenir un adulte. Et ce n'est jamais facile de laisser partir quelqu'un, quel que soit son âge.

L'adolescent a généralement besoin d'espace pour devenir indépendant, pour trouver sa place dans le groupe. Parfois il décide de prendre quelque distance avec sa famille parce qu'il trouve trop difficile d'être indépendant tout en restant dans le giron familial. Pour les parents, cela signifie que l'enfant qui autrefois en rentrant de l'école, s'asseyait près de vous, regardait la télévision, ou voulait manger ou boire quelque chose, monte désormais directement dans sa chambre pour n'en sortir que lorsqu'on l'appelle. Il monopolise le téléphone, veut sortir avec ses copains, et le reste de la famille sent qu'il fait désormais partie d'un groupe social dont les parents sont exclus. Il ne demande plus leur avis pour s'habiller, ni pour quoi faire et avec qui. Beaucoup de parents se sentent terriblement exclus.

▶ La maman de Julien, douze ans, et de Charlotte, treize ans, se trouve un jour assise à table entre ses deux enfants. Pendant tout le repas, Julien et Charlotte se racontent des histoires sur leurs copains et échangent à voix basse des confidences sur leurs amoureux respectifs. La mère ne saisit que des bribes de leur conversation et se sent vraiment exclue. Il n'y a pas de place pour elle dans leur monde.

▶ Paolo, père de Thérèse, âgée de quatorze ans, voit un jour sa fille au bord des larmes. Thérèse refuse de raconter ce qui lui arrive. Elle a un peu parlé avec sa mère d'une dispute qu'elle a eue avec ses amies, mais l'a suppliée de ne rien dire à son père de peur qu'il la traite de bébé.

▶ Richard, quinze ans, a toujours été un enfant calme, communiquant peu avec ses parents. Quand il était petit, il aimait rester à la maison, participait volontiers aux activités sans jamais en être l'instigateur. Un câlin de temps en temps ne lui déplaisait pas. En grandissant, sa nature réservée le poussa tout naturellement vers des activités solitaires telles que la lecture et les jeux sur ordinateur. Bien qu'il paraisse tout à fait heureux, ses parents s'inquiètent. Ils ont l'impression de ne savoir que peu de choses sur sa vie affective, ni sur la façon dont il évolue. Ils voient les enfants des autres sortir en bande et, qui sait, faire les quatre cents coups. Ils se disent que Richard se sent peut-être isolé, exclu. Ils se demandent s'ils doivent faire quelque chose.

▶ Geneviève, seize ans, passe des heures au téléphone avec ses copines, mais elle est généralement muette avec sa famille. Ses parents se disent que beaucoup de choses doivent la tourmenter pour qu'elle passe tant de temps au téléphone, mais ils n'ont aucune idée de ce à quoi elle pense ou de ce qu'elle ressent.

▶ Kevin, dix-sept ans, sort tous les soirs sans jamais dire à ses parents où il va ni avec qui. Il revient toujours à l'heure prévue, mais ses parents ne savent rien de sa vie à l'extérieur. A la maison, Kevin est charmant et fait toujours tout ce qu'on lui demande. Il aide aux travaux ménagers et prend soin de ses jeunes frères et sœurs. Il ne pose vraiment aucun problème. Pourtant, ses parents ont l'impression d'avoir un locataire plutôt qu'un fils. Ils craignent de rester dans l'ignorance de problèmes qu'il pourrait rencontrer en dehors de la maison. Ils n'ont pas l'impression que Kevin fait partie de la famille.

Des situations comme celles-là se rencontrent tous les jours dans des familles ordinaires. Le sentiment d'exclusion est parfois très difficile à vivre pour les parents, mais il est indispensable au bon développement de l'enfant. Les parents doivent pouvoir dire «non» à leur envie de rapprochement. Ils doivent se contenter d'être là quand l'enfant a besoin d'eux, respecter ses sentiments et son besoin d'intimité.

Même si l'adolescent donne parfois l'impression de ne jamais tenir compte de l'avis des parents, il reste très sensible à ce qui est dit. Même s'il a toujours eu un bon contact avec ses parents, l'ado est inquiet de savoir comment ils jugent l'adulte qu'il est en train de devenir. Il peut par exemple penser que vos goûts en matière de vêtements sont nuls, mais si vous critiquez un style qu'il trouve très bien, il sera piqué au vif. Ma fille, âgée de treize ans, discute vêtements avec ses copines. Elles préfèrent de loin courir les magasins avec les amies plutôt qu'avec les parents. L'une d'elles me raconte pourtant l'histoire suivante : un jour, elle s'est acheté une robe qu'elle trouvait vraiment belle. La première fois qu'elle l'a mise, son père l'a regardée et lui a dit d'un ton légèrement réprobateur : «Qu'est-ce que c'est que ça ?» Elle n'a plus jamais remis cette robe depuis.

L'adolescent s'exprime avec passion et conviction, et nous l'imaginons fort et déterminé. Nous oublions souvent combien il est en même temps vulnérable. Ce sont ces sentiments fluctuants qui laissent tout le monde, parents et ados, perplexes. Il y a de ce fait, une oscillation constante entre proximité et distance au sein de la famille.

Essayons de comprendre comment le fossé se creuse.

C'est parfois difficile de découvrir qui l'on est vraiment. Dans l'ensemble, le jeune adolescent a une idée assez claire de l'image que ses parents ont de lui. Il est habitué aux rapports de personne à personne au sein de sa famille, il sait qu'il fait partie d'une petite entité avec des sentiments intenses et intimes. A l'école, la situation est différente. Le groupe auquel il était habitué à l'école primaire a éclaté dans le passage à l'école secondaire. Il entre dans un nouveau cercle social. A ce stade, l'adolescent cherche souvent à faire partie d'un groupe plutôt qu'à se lier d'amitié avec des individus en particulier. Son intérêt passe du groupe familial au groupe de copains d'où lui viennent la plupart de ses joies et de ses peines. Quant aux parents, ils s'inquiètent des fréquentations de leur enfant. Ce ne sont plus les parents qui organisent les invitations d'amis, et généralement les familles ne se connaissent pas.

Le choix des amis est, pour l'adolescent, une manière de tâter le terrain. Dans un groupe de jeunes, on peut trouver un calme, un turbulent, un rigolo, un rebelle, un malin. En se rassemblant, les membres du groupe apprennent à voir comment les individus se comportent les uns avec les autres. C'est une façon d'étudier les différentes facettes de leur propre personnalité. C'est à ce moment-là qu'ils font parfois des choses qui ne leur ressemblent pas, comme voler dans les magasins, jurer, boire de l'alcool, fumer, etc. Les parents doivent savoir que leur enfant risque d'essayer toutes sortes de choses qu'ils désapprouvent. L'adolescent a peut-être besoin de vivre différentes expériences avant de faire son choix. Cela lui est plus profitable que de s'entendre dire : «Ne fais pas ça, ce n'est pas bon.» (Je ne parle pas de l'attirance chronique et constante vers ces activités. J'y fais une brève allusion plus loin dans cet ouvrage). Lorsque le choix a été décidé par l'adolescent, il prend tout de suite plus de poids. Un «je sais mieux» autoritaire obtient généralement le résultat inverse de celui recherché, et ne fait souvent qu'entraîner rébellion, mépris ou sentiment d'injustice d'avoir été contraint de se soumettre. M. Waddell, psychothérapeute pour enfants, a écrit : «Un ado peut être poussé à tous les extrêmes par des parents excessivement rigides, autoritaires et dirigistes, et qui croyaient simplement fixer des limites.»

LES PARENTS ONT TOUJOURS TORT

Un autre facteur de distanciation est que l'ado commence à changer d'avis sur ses parents. Le petit enfant croit généralement que ses parents sont tout-puissants et omniscients : ils savent tout et peuvent tout faire. Un de nos devoirs de parents est de démentir ce credo en rendant à cette image de plus justes proportions. L'éminent pédiatre et psychanalyste, D. W. Winnicott, parle du «devoir des parents de décevoir progressivement leur enfant». Au moment de l'adolescence, l'idéalisation des parents prend souvent un sacré coup. Ils peuvent même être perçus comme nuls. Dans leur enthousiasme à tout remettre en question, l'ado et ses copains se sentent seuls investis du pouvoir de changer le monde et ils affichent un certain mépris pour l'ancienne génération.

Il arrivera fatalement, dans le développement normal de l'ado, un moment où il jugera que ses parents ont toujours tort. De plus, il se sentira terriblement déçu : comment ce père extraordinaire a-t-il pu devenir une telle andouille ? Tout se passe comme si, pour trouver son identité et prendre le large, votre enfant avait besoin que vous soyez nuls. S'il continuait à vous trouver merveilleux, comment pourrait-il vous quitter ? C'est un peu comme un nouveau sevrage. Lorsque l'accord est parfait entre deux êtres, on a envie de penser que l'union durera toujours. Mais que deviendrait la vie, le mouvement, la découverte dans tout cela ?

L'adolescence est une période d'évolution et de changements considérables. Pour pouvoir se détacher plus facilement de papa-maman, il aura tendance à les transformer en idiot et en sorcière. Les parents restent perplexes devant cet enfant qui les accuse d'intolérance ou de paranoïa, alors qu'il y a moins d'un an il mendiait encore leurs conseils. Il se révolte et chacun se sent vexé de voir la piètre opinion que l'autre a de lui. Beaucoup de parents se lanceront dans de grandes tirades d'autodéfense pour convaincre l'ado qu'il se trompe dans son jugement. Ce discours est inopportun, car il peut brider le jeune dans sa recherche d'autonomie.

Si nous considérons que ces révoltes font partie de la stratégie pour arriver à prendre le large, si nous permettons à notre ado d'exprimer combien il nous trouve nuls, nous lui montrons que nous continuons à l'aimer dans sa haine comme dans son amour. Il est très rassurant de pouvoir se révolter contre quelqu'un dont vous êtes sûr qu'il vous aime vraiment. Winnicott parle du «besoin de défier dans un environnement où règne la confiance et où l'on est sûr de la rencontrer».

Dans ces moments-là, nous devons nous rappeler ce que nous sommes vraiment, et refuser d'accréditer l'image que l'on donne de nous. Ce qui revient à dire : «Je sais qu'il pense que je suis mauvais, mais en réalité je ne le suis pas. Je défends simplement ce qui me semble juste.» Ceci doit vous aider à maintenir votre point de vue plutôt que d'y renoncer pour ne pas le froisser ou lui paraître mauvais. Mais si nous pouvons maintenir nos points de vue et nos règles, nous ne pouvons obliger l'autre à nous donner raison. Ce serait un peu trop demander, que non seulement notre ado fasse ce qu'on lui dit de faire, mais qu'en plus il trouve que c'est une bonne idée !

QUAND L'ENFANT NOUS APPREND DES CHOSES

Les adultes en savent beaucoup moins sur certains aspects de la vie moderne que les jeunes, qui sont très calés dans certains domaines tels que l'informatique, la mode, la musique, les arts, l'argot… Quand le grand adolescent commence à réfléchir à la pérennité de certaines questions philosophiques, il remet en question des valeurs que nous tenions pour acquises. Il nous pousse à revoir notre jugement sur certaines questions d'éthique et de politique. Les jeunes ont souvent joué un rôle important dans les grands tournants de l'histoire tels que la fin de la guerre du Viêt Nam. Les stars de la pop music, porte-drapeaux de la culture jeune, ont également joué un rôle important dans l'évolution des mentalités. Cela a été particulièrement vrai dans les années soixante. Les Beatles sont à l'origine du changement d'attitude des Britanniques vis-à-vis des Indiens. Cet immigré qui avait été méprisé et considéré comme un primitif en mal de civilisation, fut soudain perçu comme le détenteur de la sagesse antique tellement prisée par l'Occident. Sa façon de s'habiller qui avait été raillée, fut imitée et adoptée ! Je suis moi-même indienne et j'ai vécu cette période extraordinaire où ce pays de grisaille devint multicolore. C'est la jeunesse, avec son esprit ouvert, qui a souvent permis le mélange des races et des cultures.

Ce sont les jeunes aujourd'hui qui nous ouvrent les yeux sur notre comportement envers l'environnement, les animaux et notre propre corps. Il ne faut pas sous-estimer la quantité de choses que le jeune peut apprendre à l'adulte. Souvent, nous comptons sur lui pour manifester un certain idéalisme et combattre notre cynisme.

Certains enfants sont également plus doués que leurs parents pour certains travaux, sports ou techniques. Ici aussi il est important de reconnaître à l'enfant son talent, sans penser que notre propre valeur ou autorité s'en trouvent diminuées. Agir en «je sais tout sur tout» est le meilleur moyen de le décourager. Si nous parlons de ce que nous connaissons et les laissons parler de ce qu'ils connaissent, nous aurons une conversation, un échange. Sinon, nous ne ferons qu'un sermon. Rien n'est plus irritant pour un jeune que d'entendre sa mère lui faire un cours sur un sujet qu'il connaît beaucoup mieux qu'elle.

Lui montrer qu'il a des choses à nous apprendre a au moins trois avantages. Premièrement, reconnaître qu'il a quelque chose de valable à apporter, flatte son amour-propre et lui permet de donner à son tour quelque chose en échange de tout ce qu'il a reçu. Deuxièmement, cela lui montre que l'on peut toujours renouveler et étendre ses connaissances. Cela lui apprend à rester curieux et ouvert à tout. Troisièmement, en ce moment de grand élan vers l'avant, cela le rassure de voir que ses parents ne restent pas pétrifiés définitivement à la même place. Il arrive que l'adolescent se sente coupable de grandir, de s'épanouir, de se prendre en charge. Il peut craindre que ses parents soient jaloux de sa jeunesse, de son trop-plein de vitalité comme s'ils avaient pris un coup de vieux tout d'un coup et qu'ils risquaient d'être largués. Si ses parents continuent à changer, à évoluer, l'ado se sentira le droit de poursuivre librement son propre développement.

Lorsque l'ado méprise ses parents ou revoit à la baisse l'opinion qu'il avait d'eux, il ressent comme un manque. Il est triste d'avoir perdu les parents qu'il respectait. Il peut se sentir démuni et désemparé pendant un moment. Son amour-propre est atteint aussi. Si l'image à laquelle il a tellement essayé de ressembler est écornée, il se sent lui-même diminué. La plupart des enfants dépasseront ce sentiment et accepteront de voir leurs parents tels qu'ils sont, avec leurs bons et leurs mauvais côtés. Cette lutte marquée par l'ambivalence durera toute la vie.

Le grand amour

Le jeune s'étant démarqué de ses parents à un moment où la charge émotionnelle est intense, il va chercher des relations différentes auprès de quelqu'un qu'il sentira proche. Ce lien est souvent ressenti comme une envie de symbiose, une recherche de l'autre moitié de soi. Nous avons vu que l'adolescent a souvent le sentiment d'être «inachevé». Trouver cette moitié de soi lui donnera un sentiment d'intégrité. Ceci rappelle cette relation idéalisée entre la mère et son bébé abordée dans le premier chapitre, cette harmonie entre deux êtres qui semblent n'en former qu'un. Tant la littérature que la culture populaire abondent en exemples de séparations déchirantes et de désir d'union permanente.

Parfois les parents s'inquiètent de voir leur ado tellement occupé par sa relation amoureuse qu'il se détourne de toute autre activité sociale, sportive ou culturelle. Bien que la foi en une union idéale éternelle soit un passage obligé de son développement, nous savons aussi que cela peut figer son évolution. Si nous comprenons que cette relation est une tentative de reconquête d'un rêve perdu, nous nous inquiéterons moins et nous saurons que l'ado dépassera cette phase tout comme, petit enfant, il est sorti de son intimité avec ses parents pour s'intéresser au monde extérieur. Nous nous garderons d'intervenir pour faire cesser cette relation amoureuse avant qu'elle n'ait rempli son office. Nous devrons dire «non» à nous-mêmes, «non» à notre désir d'épargner à l'ado la peine de cœur que nous anticipons. En intervenant, nous devenons des briseurs de liens, de rêve et d'idéal. Des familles se sont ainsi déchirées à cause de liens que les parents jugeaient inappropriés. Si vous intervenez prématurément, l'ado risque de s'éloigner davantage de vous, au point qu'il n'osera peut-être pas revenir. Soyons clair : je ne parle pas ici du cas où votre enfant serait lié à quelqu'un de dangereux, mais bien à quelqu'un que vous n'auriez tout simplement pas choisi pour lui.

Parfois nous avons une vision tellement idéalisée de notre enfant que nous imaginons que personne n'aura les qualités suffisantes pour le mériter. Ou alors, nous nous identifions à notre enfant, et nous craignons de le voir reproduire des schémas que nous avons connus à son âge. Nous voulons lui éviter de souffrir en nous évitant la peine de le voir malheureux. Une fois de plus, il est important de créer une distance entre l'ado et nous : nous sommes des personnes distinctes ! Notre expérience peut nous aider à comprendre notre enfant, mais elle peut aussi altérer la vision que nous avons de son expérience spécifique.

Nous avons du mal à admettre que notre ado est différent de nous, et nous ne comprenons pas comment l'autre peut lui plaire. Mais que diable lui trouve-t-il ?

> Les Z. ont trois enfants. C'est une famille unie. Ils sortent souvent ensemble. Les enfants vont à la synagogue et fréquentent un club de jeunes d'obédience juive. Esther vient de tomber amoureuse d'un garçon rencontré dans une soirée. Il n'est pas juif, ce que les parents de Esther voient avec déplaisir.

Les parents apprécient le garçon, qui est poli et charmant, gentil avec leur fille et respectueux envers eux. Pourtant ils n'approuvent pas le choix de Esther. Ils trouvent qu'elle aurait dû choisir quelqu'un à l'intérieur de leur communauté religieuse. Ils regrettent que ce garçon ne fasse pas partie d'un milieu qui leur est familier. Ils n'arrivent pas à le reconnaître comme un des leurs.

Beaucoup de parents rencontrent ce problème. La communauté peut être religieuse, géographique, culturelle, financière ou de race. La difficulté pour les parents est l'absence de repères, l'enfant ayant fait son choix dans un milieu qui leur est inconnu. «Qu'est-ce qu'il peut bien lui trouver ?», signifie souvent : «Comment ses goûts peuvent-ils être si différents des miens ?» Cette différence montre encore mieux que parents et enfant sont des êtres distincts.

Les jeunes eux-mêmes sentent que, lorqu'ils sont amoureux, ils deviennent bizarres. Ils sont l'objet de railleries. Citons

Shakespeare : «Je m'étonne qu'un homme, ayant vu le ridicule de tous ceux qui se consacrent à l'amour, après avoir ri des folles niaiseries des autres, puisse servir de thème à ses propres railleries en devenant amoureux.»

Beaucoup de parents assistent, navrés, aux niaiseries de leur benêt amoureux. Tout cela peut nous paraître touchant ou drôle, mais pour l'adolescent c'est extrêmement sérieux. Nous devons nous contenter d'observer en gardant la tête froide. L'ado tourmenté par les déboires amoureux viendra peut-être nous demander de l'aide, et devant sa souffrance, nous aurons tendance à nous en prendre à celle qui en est la cause, et à dire : «Oublie-la. Une de perdue, dix de retrouvées.» Nous réagissons alors comme si c'était notre propre souffrance, au lieu de l'aider à comprendre ce que lui ressent. La meilleure chose que nous puissions faire, c'est d'être là, simplement, pour l'aider à surmonter l'épreuve.

La sexualité

Une des grandes découvertes de l'ado, c'est la sexualité. Le teen-ager préfère ne pas penser à la sexualité de ses parents. Ce n'est d'ailleurs pas un domaine à partager avec les parents. S'il exprime des inquiétudes et des difficultés d'ordre sexuel, ce sera superficiellement, sans faire trop de confidences, car une trop grande intimité sur ce sujet avec la famille a des relents d'inceste, sinon dans les actes, du moins dans les sensations et les pensées. Nous avons souvent comparé le regard des parents à un miroir dans lequel l'ado voit son image. Cependant, le jeune ne peut se découvrir en tant qu'être sexué dans cette image que lui renvoient ses parents : pour explorer cette part importante de lui-même, il faut qu'il cherche ailleurs qu'à la maison, en terre inconnue où il se sent vulnérable. Cela ne veut pas dire que l'ado se sentira moins proche physiquement de ses parents et qu'il refusera des câlins. Certains ados, en revanche, qui perçoivent mal la frontière entre ce qui est physique et ce qui est sexuel, auront besoin de créer une distance entre eux et leurs parents. Ceci est vrai surtout entre personnes de sexes opposés, comme le père et sa fille, la mère et son fils. Il est important que les parents réfrènent leurs élans et se contentent de répondre à la demande en permettant à l'ado d'instaurer la distance qu'il souhaite.

Devant les changements physiques, l'ado se sent désemparé. Il ne se reconnaît plus vraiment. Il se sent vulnérable du fait de se savoir «inachevé». Le garçon est perplexe devant cette pilosité qu'on ne peut encore appeler barbe. Quant à la fille, un bouton sur le nez lui paraît un énorme furoncle que tout le monde regarde et qui ne partira jamais. Elle observe aussi les transformations de son corps, et croit qu'elle devient obèse. La psychanalyste Françoise Dolto nomme les difficultés de l'adolescence «le complexe du homard», formule qui fait référence au moment où le homard se dépouille de sa carapace et est extrêmement vulnérable le temps d'en développer une autre. L'ado devient un jeune adulte et le monde des rencontres sexuelles s'ouvre à lui. Le jeune va mesurer la qualité de son image au succès qu'il obtient auprès des autres. Ce jeu de la séduction va déboucher sur des expériences. Certains jeunes expérimenteront l'homosexualité, certains multiplieront les partenaires. Les parents s'alarment devant certaines situations. Sont-elles transitoires ou définitives ? L'adolescence est une période mouvementée, mais ses mouvements ne sont pas nécessairement définitifs. Nous devons rester attentifs aux réalités présentes, sans laisser notre imagination s'emballer sur des projections dans le futur.

L'adolescent qui veut se sentir aimé recherchera peut-être dans des relations sexuelles la chaleur et l'affection dont il a besoin. L'ardeur sexuelle vient ici compléter le besoin infantile de réconfort. C'est le moment où beaucoup d'ados sont particulièrement vulnérables et – pour prolonger l'image du homard – deviennent la proie d'un congre vicieux.

> Dany (16 ans) est une fille douce et jolie. Quand ses parents se sont séparés, elle est allée vivre chez sa mère avec qui elle s'entendait très bien. A la mort inopinée de celle-ci, elle est allée vivre chez son père qu'elle connaît à peine.

Cela s'est mal passé et Dany a été placée. Elle est passée d'un monde de tendresse avec sa mère qui la surprotégeait à un monde de solitude et de désespoir. Pendant nos séances, l'absence de mère revient sans cesse et j'ai du mal à résister à l'envie de ramener Dany chez moi. Elle n'a jamais embrassé un garçon et elle parle avec timidité de son ignorance de la sexualité. Pourtant, peu après son placement, elle a commencé à fréquenter des hommes plus âgés qui ont clairement profité de la situation. Elle avait besoin de sentir que quelqu'un l'aimait et, quand ces hommes touchaient son corps, elle avait le sentiment qu'on l'estimait digne d'être aimée.

Ce que beaucoup de jeunes cherchent dans leurs relations sexuelles, c'est à la fois le réconfort et l'amour absolu (absolu comme celui que leur donnent leurs parents). Ils sont souvent capables de répondre «non» lorsqu'ils sentent qu'on cherche à abuser d'eux. Les teen-agers qui ont confiance en eux, qui se savent appréciés, sont mieux armés pour repousser une liaison abusive. Ceux dont les parents ont fait respecter les limites avec fermeté et ont dit «non», malgré les protestations, savent qu'on peut dire non à quelqu'un sans cesser de l'aimer et que, pareillement, on peut essuyer un refus sans que les ponts soient coupés. Ils comprennent que refuser n'est pas porter un coup fatal, mais que cela fait partie des réactions normales dans une relation saine.

Sur le plan de la sexualité, le grand adolescent est dans une situation paradoxale. Il arrive à l'âge de la majorité légale, mais on ne le traite pas en «majeur» à la maison. L'approche de la sexualité a énormément évolué en cinquante ans, et la mentalité d'un jeune de seize ans d'aujourd'hui n'a rien de commun avec celle qui était la nôtre au même âge. Sans doute manque-t-il de maturité sur le plan des sentiments, mais il sera bien plus exposé à la sexualité que nous ne l'étions. Il lui arrivera même parfois de trouver ses parents naïfs. Une fille de dix-sept ans me faisait remarquer combien c'est absurde de la part de certains parents d'interdire à leur fille de dormir chez des amis pour éviter qu'elle y ait des rapports sexuels. Et elle ajouta : «Comme si on ne faisait l'amour qu'après 22 heures et dans un lit !» Les grands ados, en particulier les filles, sont rassurés de savoir qu'ils peuvent demander conseil à leurs parents dans le domaine du sexe. Ils apprécient aussi de pouvoir réfléchir avec eux à ces problèmes, plutôt que de recevoir des directives.

Si nous voulons que nos enfant se construisent sur le plan de la sexualité – s'engager quand ils le veulent, dire «non» avec assurance quand ils le veulent, en d'autres mots, être responsables de leur propre corps, nous devons aussi respecter cela. Cela ne servirait à rien qu'ils fassent ou ne fassent pas quelque chose parce que leurs parent le veulent ainsi. Si le jeune laisse d'autres personnes choisir pour lui, il s'expose à toutes sortes de pressions. S'il fait lui-même des choix réfléchis, il résistera plus sûrement aux pressions émanant d'individus ou du groupe. Face à ses copains qui décrivent leurs exploits et leurs conquêtes, un ado peut très bien faire preuve de détermination et dire qu'il ne fera pas ceci ou cela simplement parce qu'il en a décidé ainsi.

Parfois, les parents ressentent la sexualité naissante de leur ado comme une menace. Ils se sentent vieux, moches et dépassés. Le jeune qui plastronne, se pomponne et fait le joli cœur, contraste avec ses parents qui se sentent de moins en moins dans le coup. Parfois, un parent ne supporte plus d'être mis au rancart et joue au branché. Et on peut voir alors une mère et sa fille ou un père et son fils sortir ensemble comme deux sœurs ou deux frères. Cela peut être drôle de temps en temps, mais ce n'est pas très constructif. Cela n'encourage pas l'ado à prendre de l'autonomie ni le parent à lui en donner. Ils affectent d'être semblables, alors qu'ils ne le sont pas du tout. Ce genre de situation est souvent le résultat d'un arrangement pour éviter un conflit. Pour s'épanouir, le grand adolescent doit sentir que ses parents sont heureux de le voir devenir un adulte séduisant. La manière dont les limites que nous fixons seront perçues, dépendra de nos motivations. Si nous disons «non» seulement par jalousie et pour contrarier, on nous répondra par le mutisme ou le mensonge. Si nous disons «non» pour aider et protéger, nous serons mieux accueillis.

Accepter les différences

Un ado dans la maison change la vie de toute la famille. Si nous le prenons tel qu'il est, dans son nouveau rôle, un jour il nous amènera une horde de joyeux copains bruyants et affamés puis, le lendemain, il disparaîtra sans nous dire où il va ni pourquoi. La question des limites sera certainement épineuse. Quelles sont les priorités ? Si nous admettons qu'il a besoin de faire partie d'un groupe tout en restant proche de nous, nous devons en accepter les inconvénients. Quelles sont les conséquences pour les autres membres de la famille ? Le cadet ne se sent-il pas d'autant plus isolé que le grand frère est plus entouré ? Le bruit et la pagaille ne gênent-ils pas les parents dans leur travail ou leurs loisirs ? Qui doit dire «non» et à qui ? Si l'adolescent sort beaucoup, vous sentez-vous exclus ?

L'exercice d'équilibriste recommence. Nous devons accepter quelques accommodements de la vie à la maison pour qu'il continue à s'y sentir bien sans se sentir enfermé ou chassé. Nous devons aussi nous faire à l'idée qu'il est non seulement différent de nous, mais également différent de ce qu'il était. Cela fait partie de la découverte de ce qu'il a envie d'être.

> Henri (15 ans) est amené chez la psychothérapeute parce que ses parents pensent qu'il est fou. Selon eux, c'est un garçon brouillon, cachottier, qui s'habille de façon extravagante, ne respecte pas les règles, sort tard le soir, néglige son travail scolaire… La psy, qui s'attend à rencontrer une sorte de monstre, est étonnée de voir arriver le teen-ager typique habillé de manière voyante et légèrement excentrique. Henri semble quelqu'un d'ouvert et qui doit lutter contre l'image que ses parents donnent de lui. Il se trouve semblable à tous les jeunes de son âge. Une image plus précise se dessine bientôt. Henri est le

plus jeune de trois enfants et dix années le séparent du deuxième. Les parents, tous deux enfants uniques, sont relativement âgés. Quand leurs deux aînés étaient plus jeunes, les parents s'intéressaient à leur intégration sociale, connaissaient leurs amis et même les parents des amis. En parlant avec eux, la psy est frappée par l'impression de distance qu'ils ont vis-à-vis de leur propre adolescence et celle de leurs deux aînés. Ils ne sont plus en phase. Eux-mêmes avaient été dociles et accommodants quand ils étaient adolescents. Alors, Henri, ils ne le comprennent pas. Ils se sentent méprisés et sont déçus. Il est aussi le benjamin de la famille, et c'est dur de le voir grandir.

Nous avons pu aider les parents d'Henri à comprendre que leur fils n'était pas cachottier mais qu'il tenait à sa vie privée, et qu'il n'était pas fou mais intrépide. Ils comprirent aussi que la différence d'âge entre eux et Henri, et aussi l'absence de contact avec d'autres parents d'adolescents semblables à leur fils, faisaient qu'ils le voyaient comme une sorte de sauvage effrayant. Rassurés au sujet d'Henri, il leur restait à s'adapter à son âge et surtout à gérer leurs propres difficultés qui ne pouvaient plus s'expliquer par la prétendue folie de leur fils. Les deux aînés étaient adultes et cela leur semblait difficile de recommencer avec le troisième. Quand Henri était plus petit, les aînés s'étaient beaucoup occupés de lui. Aujourd'hui, ses parents se retrouvaient seuls, inquiets et amers. Tout compte fait, c'était plus confortable avant, quand c'était Henri et non eux qui était remis en cause.

Souvent l'adulte a peur des adolescents, de leur manque de discipline, de leur brutalité… Aux yeux de certains parents, l'ado, c'est le renard dans le poulailler. La pagaille assurée ! Plutôt qu'analyser ce qu'ils craignent vraiment, ils tiennent l'ado pour responsable de leurs inquiétudes. Comme le faisaient les parents d'Henri, cet adolescent ordinaire qui passait pour un cas pathologique. Sans l'aide de la thérapeute, Henri aurait pu grandir en s'identifiant au portrait qu'on faisait de lui et – qui sait ? – devenir vraiment fou.

Si à la maison, l'adolescent n'a pas l'occasion de tester ses limites, il risque d'en transgresser ailleurs.

> Hervé (14 ans) est fils unique. Annick, sa mère, avait seize ans quand il est né. A l'école, Hervé a tout le temps des ennuis : il s'y montre agressif et est souvent exclu des cours à cause de sa brutalité. A la maison, Annick est très sévère et dit «non» à tout. En semaine, Hervé n'a pas le droit de regarder la télé ou de sortir, il doit se coucher tôt, et ainsi de suite. Soumis à la maison, Hervé se rebelle à l'école. Annick raconte à la thérapeute qu'elle regrette d'avoir eu son enfant quand elle était si jeune : Hervé l'a privée d'une partie de son adolescence. Maintenant qu'Hervé est plus grand, elle sort souvent et s'amuse bien. Elle sait qu'Hervé respecte les règles également quand elle n'est pas là. C'est seulement à l'école qu'il se conduit mal. Pendant des séances conjointes, Annick est étonnée d'entendre combien Hervé est inquiet de son bien-être à elle. Il apparaît que l'ado se sent responsable du bonheur de sa mère. Il ne veut ni désobéir, ni se plaindre, car il pense qu'elle ne pourrait pas assumer. Il se soumet aux règles très strictes, car il sent qu'elles sont le moyen que sa mère a trouvé pour lutter contre sa propre instabilité. Aujourd'hui, la mère et le fils se parlent, Annick reçoit une aide extérieure, ce qui permet à Hervé, allégé de ce fardeau, d'aller beaucoup mieux.

Ceci est un scénario classique quand l'enfant doit jouer un rôle de parent à la maison et qu'il n'a pas vraiment d'endroit pour exprimer ses indignations, ses inquiétudes, ses difficultés. Le désir des parents de vouloir maintenir le statu quo et non de changer radicalement leur vie, entrave le développement de l'ado. Ils doivent accepter un changement avec les désaccords que cela entraînera.

Nous avons reçu la famille de Sharon (15 ans), inquiète parce que l'adolescente vole. C'est une famille modeste qui vit dans un quartier pauvre. La famille entière est invitée (la mère, le père et les deux filles : Tracy, 18 ans, et Sharon), mais le père ne viendra que deux fois. Il est clairement marginalisé dans cette famille dominée par la mère. Celle-ci et Tracy sont étonnamment semblables. Elles sont impeccablement coiffées et arborent de nombreuses bagues et boucles d'oreilles en or, des caleçons moulants et des vestes de cuir. Elles sont vives, volontaires et parlent beaucoup. Il est évident qu'elles consacrent beaucoup de temps et dépensent beaucoup d'argent à soigner leur apparence et qu'elles aiment cela. En revanche, Sharon est corpulente, mal habillée et renfrognée.

Tracy et sa mère entreprennent de dresser la liste des défauts de Sharon. Séance après séance, elles complètent la litanie de tout ce qu'elles reprochent à Sharon. Elles parlent d'une même voix, se complétant l'une l'autre, rajoutant des détails et des exemples. En examinant la situation, nous constatons qu'il est difficile dans cette famille d'adopter un point de vue différent de celui de la mère. Le père s'abstient. Tracy, quant à elle, passe tout son temps libre avec sa mère. C'est sa mère qui la conduit à son travail très tôt le matin. Ne cherchant pas à fréquenter des jeunes de son âge, Tracy passe ses après-midi et ses soirées à la maison, ou avec sa mère dans les magasins ou au club de gym. Il est communément admis dans la famille que c'est maman qui a raison.

Sharon se rebellait de toutes les manières possibles : elle volait sa mère, distribuait les vêtements de sa sœur, mettait sa chambre sens dessus dessous, laissait traîner des vêtements sales et des restes de nourriture sous le lit… C'était comme si elle ne trouvait pas d'autre moyen de se démarquer, comme si l'alternative était : être le clone de sa mère ou son contraire. Au début, le cas de Sharon semblait alarmant, mais petit à petit il apparut que c'était surtout pour Tracy qu'il fallait s'inquiéter. Sharon était rebelle, mais c'était clairement une manière d'afficher une certaine indépendance. Ses problèmes étaient spécifiquement liés au contexte familial. Nous sentions qu'elle irait bien, si nous pouvions l'aider à tenir bon et à trouver une manière plus acceptable d'être différente.

Tracy, en revanche, se retrouvait prisonnière d'une manière d'être, calquée sur celle de sa mère, et cela ne la gênait pas du tout. Tracy et sa mère se ressemblaient comme deux teenagers, ou comme deux mères face à Sharon, le vilain petit canard. Nous nous inquiétions beaucoup pour l'avenir relationnel de Tracy.

On sait qu'on peut parfois détester la personne qu'on aime, mais nous avons du mal à admettre que cela nous arrive. Pour gérer cette sorte de sentiments, on peut «scinder» la personne : X est aimable, Y est détestable. C'est une méthode employée pour arriver à entretenir les bonnes relations avec ceux qu'on aime. Tracy utilisait une méthode dualiste similaire pour rester intimement confondue avec sa mère : elle idéalisait sa mère à qui elle voulait ressembler et elle rejetait sa sœur qui était tellement différente. Quand ma collègue et moi avons commencé à nous désintéresser du concert des lamentations contre Sharon pour nous intéresser petit à petit à Tracy, la famille s'est esquivée : Tracy et sa mère n'ont pas supporté qu'on les considère comme deux personnes distinctes. Du coup, le traitement a été écourté, mais il avait suffi pour rendre une certaine confiance à Sharon qui s'est inscrite à des cours et a trouvé un job de vacances.

L'exemple montre combien il peut être compliqué de se distinguer d'un parent. La pression exercée par la société pour faire entrer les gens dans un moule, en faire des clones, peut également être renforcée par les normes culturelles et religieuses. Le refus des différences a toujours des conséquences graves pour l'individu comme pour la famille.

Tout comme le petit enfant qui s'obstine à se relever quand il tombe, tout comme l'enfant de neuf ans qui s'obstine à vouloir faire ses devoirs tout seul, l'ado aussi, malgré les difficultés, tente un maximum d'expériences personnelles pour déterminer ce qu'il aime, ce qu'il n'aime pas et ce qu'il veut. Sans doute a-t-il besoin, comme quand il était petit, de tomber quelquefois et de se relever. Mais les parents craignent qu'il se fasse mal ou fasse mal aux autres. Ils aimeraient l'aider comme quand il était petit, mais ils ne peuvent pas l'empêcher d'expérimenter. La meilleure aide que les parents peuvent offrir, c'est de rester prévenants.

Dans les exemples de Tracy et d'Henri, nous avons vu des parents qui n'acceptaient pas que leur enfant soit différent d'eux. Ce refus de voir les choses telles qu'elles sont, est révélateur d'une personnalité fragile. Ce trait se retrouve – de façon très atténuée – chez la plupart des parents. Si un père travaille en costume trois pièces, il trouvera inadmissible que son fils se présente à un entretien d'embauche sans cravate. S'il a dû, lui, respecter certaines règles pendant toute sa vie, pourquoi tolérerait-on le laisser-aller chez son fils ? Cela signifie-t-il que les efforts qu'il a consentis l'ont été en pure perte ? Pire, les valeurs de «son temps» sont-elles périmées aujourd'hui ? L'expérience qu'il a acquise est-elle, somme toute, inutile ? On est loin de la question du bon usage de la cravate : ce qui est en jeu, c'est l'amour-propre et la valeur de l'un et de l'autre.

Certaines personnes considèrent le jeune qui veut afficher sa différence comme quelqu'un qui rejette et critique tout. Elles peuvent le trouver provocant ou méprisant. Pour les gens qui pensent que la marge de ce qui est acceptable est très étroite, la moindre différence est ressentie comme une menace. Poussé à l'extrême, cela mène à la xénophobie, au racisme et à l'intolérance religieuse. S'il n'y a pour vous qu'une vérité, vous accueillerez tout autre point de vue comme une agression. Il faut tenir compte, bien sûr, des références culturelles de départ. Je me souviens de la manière dont ma mère d'une part et ma grand-mère d'autre part ont réagi aux cheveux longs qu'affectionnaient les jeunes gens dans les années soixante. Ma grand-mère était écœurée, elle trouvait ces jeunes sales et se plaignait qu'on ne distinguât plus les filles des garçons. Ma mère les trouvait bien plus pacifiques et plus distingués que ces autres jeunes aux allures martiales qui avaient les cheveux coupés ras.

La façon dont on accueillera son nouveau look, son nouveau comportement, conditionnera l'évolution de l'adolescent. Ses changements de look, de vocabulaire, d'attitude, ne sont pas destinés à plaire à ses parents, mais à ses copains. Mais si ces changements ne suscitent aucun intérêt ni commentaire de la part de ses parents, l'ado aura le sentiment qu'on ne le voit pas, qu'on ne l'entend pas. Ses efforts pour être extravagant passent en quelque sorte inaperçus. L'équilibre est difficile à trouver : quand l'ado cherche simplement à choquer, nous devons pouvoir montrer notre désaccord, mais sans le rejeter, lui. Cela l'arrange que nous n'aimions pas son style, mais nous devons l'aimer, lui ! Si nous lui contestons le droit de s'essayer à différents styles et personnalités, nous lui ferons du tort. Le jeune qui est régulièrement rejeté à cause de sa différence, peut réagir de diverses manières : il va peut-être étouffer sa personnalité pour se faire accepter, ou se rebeller pour de bon, ou chercher à se faire accepter dans d'autres milieux.

Membre du gang

Un phénomène préoccupant est l'attirance d'un certain nombre de jeunes pour l'esprit de «gang», attirance née à la fois du désir d'appartenir à un groupe et du besoin de se sentir en sécurité. Les paroles décrivant le gang des Jets dans la comédie musicale *West Side Story* reviennent à l'esprit : *«When you're a Jet, you're a Jet all the way...» (Quand t'es un Jet, c'est pour toujours, de ta première cigarette jusqu'à ta mort. Quand t'es un Jet, si t'as besoin d'aide, t'as des frères qui sont là, t'as une famille. T'es jamais seul, t'es toujours branché ! T'as un chez toi. Et s'il y a des intrus, on te protège !)*

Le gang est là pour vous défendre. C'est un groupe dans lequel vous avez une place et où vous êtes toujours le bienvenu. Le gang est le rival, parfois l'ennemi, des autres gangs. Etre membre du groupe, c'est aussi s'engager envers les autres et, grâce à ce lien, chacun des membres se sent important : *«Quand t'es un Jet, p'tit gars, t'es un homme, p'tit mec, t'es un roi !»*

Certains jeunes ne trouvent pas leur place et leur identité dans la famille. Alors, ils cherchent ailleurs et le gang leur sert de refuge. Malheureusement, le gang n'est pas – comme la famille devrait l'être – une structure souple qui prend à cœur l'épanouissement de ses membres : c'est une structure défensive, dont le but est seulement de protéger ses membres contre la douleur et l'insécurité. Le gang est une structure rigide, il est sans rapport avec le groupe social décrit plus haut où les relations entre les membres sont épanouissantes pour chacun. Dans le gang, les différences ne sont pas ces fenêtres ouvertes sur d'autres façons d'être. Ici, la différence est une menace : elle fait peur et doit être combattue. Si l'on sort de la norme, on devient l'ennemi.

Le gang agit en aidant ses membres à transférer leur angoisse sur d'autres personnes. L'adolescent qui ne trouve pas à la maison une atmosphère sécurisante, sera amené à rejeter les autres pour provoquer en eux un sentiment d'insécurité. L'ado qui a des relations difficiles avec ses parents, même si ceux-ci sont de bonne volonté, se protégera en se coulant dans le rôle de l'agresseur. Au lieu de ressentir la douleur, il l'infligera. Il prend la résolution de ne plus être vulnérable. Le gang assure un sentiment de pseudo-indépendance, il suscite chez le jeune l'idée qu'il est fort et autonome, et que c'est stupide de vivre autrement. Pourtant, cette mentalité rétrécit son monde et l'empêche de profiter de ce que peuvent lui apprendre les adultes et aussi les autres ados.

Si nous, parents, voyons que notre enfant est happé en permanence par une «bande» et non plus de manière raisonnable, nous devons l'aider de notre mieux à revenir vers la famille. Cela signifie qu'il faut d'abord s'interroger sur ce qui détourne l'ado de la maison. Bien sûr, il est important d'encourager le jeune à explorer le monde extérieur, mais n'oublions pas que l'adolescent est un être vulnérable. Et les problèmes de l'adolescence contiennent quelquefois en germe les troubles psychiques de demain. C'est souvent là que l'on trouve l'origine de problèmes ultérieurs tels les troubles du comportement alimentaire, les dépressions, la toxicomanie, l'alcoolisme, la délinquance…

Faire fausse route

Nous ne pouvons pas nous permettre de fermer les yeux quand notre enfant s'engage sur une mauvaise pente. Les parents doivent pouvoir se montrer fermes (comme lorsque, plus petit, il devenait brutal et tyrannique) et aider l'enfant de leur mieux à renoncer à un comportement destructeur pour lui comme pour les autres. Même si cela ne se passe pas sans heurts, l'enfant sera reconnaissant à ses parents de l'avoir aidé à revenir à de meilleurs sentiments tout en l'empêchant de mal tourner. Ceci s'applique à toutes les conduites autodestructrices telles que la toxicomanie ou les troubles du comportement alimentaire. Les parents doivent réaffirmer qu'ils se sentent responsables de l'enfant, et qu'il leur incombe de fixer des limites et, le cas échéant, faire appel à une aide extérieure pour démêler des problèmes apparemment inextricables.

On ne distingue pas toujours facilement ce qui est simple mouvement de révolte de ce qui relève de la pathologie. Comme nous l'avons vu plus haut, le teen-ager peut se sentir perdu pour des raisons banales. Par sa conduite, il cherche surtout à vous forcer la main, à vous faire peur, pour qu'en fin de compte vous soyez plus sévère. Le cadre de ce livre ne permet pas un examen sérieux des cas pathologiques. Sachez cependant qu'un adolescent qui a des problèmes graves, enverra des signaux forts qui attireront votre attention. La fille qui rentre à la maison les cheveux teints en bleu et un piercing dans le nez, mais qui est aussi joyeuse (ou grincheuse) que d'habitude, doit moins vous inquiéter que celle qui, sous des dehors inchangés, est devenue malheureuse et a renoncé à son sens de l'humour et à sa joie de vivre.

Beaucoup d'ados se livrent à un moment ou à un autre à quelques activités plus ou moins illicites. Ils fument un joint, flirtent à tout va, mentent à leurs parents, jouent à enfreindre les règles, etc. Ce sont les provocations ordinaires propres à l'adolescence. Vous devrez vous inquiéter si ces pratiques auxquelles il se livre juste pour rire et qui devraient rester de simples passades, prennent un caractère sinistre au point d'assombrir ses pensées et ses sentiments, car c'est le signe évident que ces pratiques délinquantes deviennent compulsives, comme une drogue à laquelle il ne peut résister mais qui le laisse toujours insatisfait.

Si vous croyez, ou si vous voyez, que votre enfant est gravement anxieux, au point que vous craignez pour sa santé, voire pour sa vie comme dans les cas de toxicomanie ou d'anorexie, il est essentiel de consulter un spécialiste. Si votre enfant peut trouver auprès de vous un refuge sécurisant, si vous maintenez, envers et contre tout, une relation claire parent-enfant, et si malgré cela les problèmes deviennent insoutenables, il n'y a pas de honte – au contraire, ce serait plutôt du courage – à consulter. Mais vous devrez être prêt à assumer votre propre rôle dans la constellation familiale.

Réaliser nos rêves

Souvent, l'adolescent grandit en portant en lui les rêves de ses parents. Ceux-ci voudraient qu'il ait ce qu'eux-mêmes n'ont pas eu, qu'il devienne ce qu'eux-mêmes auraient voulu être. Ce phénomène apparaît surtout vers la fin de l'adolescence, quand on parle d'études, d'avenir, de carrière… Le jeune, s'il en a la force, rappellera à ses parents que c'est lui qui devra réussir les examens et que c'est sa vie à lui que ce choix engage. Et celui-là saura dire «non» à ses parents. C'est une situation difficile. Parfois, même arrivé à l'âge adulte, nous continuons à sentir la pression des parents qui nous poussent à satisfaire l'ambition qu'ils avaient reportée sur nous.

> Patrice (15 ans) est issu d'une famille de la classe moyenne. C'est un excellent élève et, pour les examens qui approchent, on s'attend à une mention très honorable.

Lors des contrôles, il a toujours de très bonnes notes. Ses parents ont de grandes ambitions pour leurs enfants, surtout pour Patrice qui est le plus brillant. On nous a envoyé Patrice parce qu'il est dépressif, a des pensées suicidaires, ne mange plus, n'arrive plus à se concentrer et dort mal. La famille est très inquiète. Il a toujours été un gentil garçon, qui faisait de son mieux et donnait beaucoup de satisfactions à ses parents. Il n'a jamais été méchant ou rebelle. Au cours de l'entretien avec la famille, il apparaît que Patrice subit une pression constante : il n'est jamais content de lui car, malgré ses succès, il sent qu'on attendait davantage de lui. Patrice raconte les débuts de sa dépression, lorsque son père lui a demandé, après les contrôles, pourquoi il n'avait pas une mention très bien pour toutes les matières.

Ses parents sont choqués d'entendre combien Patrice a souffert de la pression qu'il subissait et dont ils n'avaient pas conscience. Ils sont désormais très attentifs à cela. Patrice, de son côté, comprend qu'il a eu tort de ne pas expliquer franchement ce qu'il ressentait. La thérapeute les aide à trouver des moyens de sortir, de prendre du bon temps ensemble, de penser à autre chose qu'aux études pour entamer un vrai dialogue. Patrice arrive enfin à exprimer son exaspération à l'idée de se trouver dans la position de celui qui doit réaliser les rêves de son père. Désormais, les parents tiennent compte de tout cela et voient les choses autrement. Patrice comprend qu'il peut parler de ce qui l'agace, l'inquiète ou le fâche, sans que cela bouleverse ses parents. La dépression et les tendances suicidaires de Patrice se sont dissipées.

En tant que parents, nous exerçons parfois aussi des pressions sur notre enfant quand il s'agit de choisir ses amis et même ses petits amis. Nous ne devons pas trop intervenir et résister à l'envie de lui dicter son choix. Sinon, nous l'empêchons de découvrir lui-même si untel est vraiment la personne qu'il veut fréquenter. Beaucoup de parents, lorqu'ils approuvent le choix fait par leur enfant, s'attachent très fort au compagnon ou à la compagne. De ce fait, ils renforcent le choix de leur enfant et sont contrariés s'ils se séparent. Parfois, ils gardent le contact avec l'ex, ce qui empêche leur enfant de le (ou la) remplacer et de faire d'autres choix. Une fois de plus, la question qui compte est : «C'est la vie de qui ?». Nous ne sommes peut-être pas conscient que nous nous projetons sur notre enfant, nous pensons seulement vouloir son bien. Pour mettre les choses en perspective, il est nécessaire que les parents se distancient de leur enfant. Peut-être pouvons-nous attendre avant de donner notre avis, laisser une ouverture dans laquelle ils peuvent exprimer leurs souhaits.

Une seconde chance

Les émotions exacerbées de l'adolescence peuvent donner l'occasion de venir à bout de rancœurs ou de blessures que l'on avait enfouies. Durant la période précédente, quand les enfants recherchaient la stabilité et évitaient de faire des vagues, une certaine dynamique familiale s'était gelée. Avec les changements de l'adolescence, des choses qui semblaient bloquées peuvent bouger de nouveau.

> Maria vient me voir : elle a dix-sept ans et est déprimée. Les études sont difficiles. Elle est née avec une malformation qui nécessite aujourd'hui encore, de temps en temps, une intervention chirurgicale. Elle est habituée à son handicap qui embarrasse plus les autres qu'elle-même. Pendant nos séances, nous passons beaucoup de temps à parler de ses relations avec sa mère. Maria croit que sa mère la déteste. Quand elle était petite, sa mère la frappait et Maria a été fort ballottée, quittant parfois la maison pour habiter tantôt chez son père, tantôt chez une amie de sa mère. Aujourd'hui, elles habitent ensemble et les problèmes resurgissent.

En entendant Maria me raconter son handicap et les longues hospitalisations que cela lui avait valu, je me demandai dans quelle mesure cela avait pu détériorer ses relations avec sa mère. En thérapie, nous rencontrons en principe l'ado seul. Ici, exceptionnellement, j'ai demandé à voir la mère et la fille ensemble, comme dans le cas d'un enfant plus jeune. Elles confirmèrent ce que je soupçonnais : les premières années avaient été terribles pour toutes les deux. Elles n'en avaient jamais parlé, et chacune s'était contentée d'imaginer ce que l'autre avait dû ressentir. Chacune avait son interprétation personnelle des événements. Il était temps de se confronter à la réalité.

Maria fut bouleversée d'apprendre que sa mère pleurait en quittant son bébé à l'hôpital, où, à l'époque, les temps de visite étaient très courts, également pour les mères. Maria apprit que sa mère soudoyait le personnel d'entretien pour qu'on la laisse se cacher dans les toilettes et se faufiler ensuite jusqu'à la chambre de Maria. Elle craignait aussi terriblement que sa fille ne puisse jamais marcher. Elle avait poussé Maria dans un fauteuil roulant pendant plusieurs années. L'image que se faisait Maria de la mère indifférente et cynique qui abandonne son bébé à l'hôpital, se troubla. Maria, que sa mère avait toujours crue distante et indifférente aux câlins, raconta qu'elle réfrénait son besoin d'intimité avec sa mère de peur de se voir rejetée. Elles avaient toutes deux vécu pendant des années avec une image monstrueuse de l'autre sans jamais pouvoir en parler. Maintenant qu'elles avaient entendu l'histoire telle que l'autre l'avait vécue, elles purent commencer à se rapprocher.

Le chemin serait long et semé d'embûches, car trop de choses s'étaient passées. Mais désormais elles se voyaient différemment. Bien sûr, Maria s'était longtemps sentie blessée et abandonnée, mais pour la première fois, elle comprenait que sa mère n'avait pas voulu la blesser, et qu'elle aussi avait souffert énormément.

Tout ceci montre qu'il est possible de corriger des schémas qui existent depuis des années, pour autant que le moment soit propice et que les personnes concernées soient ouvertes au changement. Je ne peux m'empêcher de penser combien l'histoire de Maria et de sa mère aurait été différente si les visites avaient été libres à l'hôpital. Autrefois, on trouvait que la présence des parents perturbait les enfants, qui se montraient plus exigeants quand les parents étaient là et protestaient quand ils partaient. Dans les années cinquante, James et Joyce Robertson ont étudié les effets de la séparation sur les jeunes enfants, notamment dans les cas d'hospitalisation. Ces recherches ont eu un impact considérable sur l'organisation des services pédiatriques des hôpitaux. Elles ont montré qu'il était dur pour les parents de devoir quitter l'enfant qui pleure, et ensuite pour le personnel de devoir reprendre la situation en main, mais que l'hospitalisation était plus supportable pour l'enfant quand les parents étaient là. Quand l'enfant est séparé de ses parents, il a tendance à refouler ses sentiments, à se replier sur lui-même, à devenir dépressif, et parfois à exprimer son malaise en cassant ses jouets ou en frappant un autre enfant. Gérer la détresse de l'enfant en cas de séparation, c'est en même temps le préparer à assumer d'autres séparations à venir. Cela montre que l'on peut élaborer des stratégies pour supporter les expériences les plus pénibles.

Pendant l'adolescence même, on peut être confronté aux aspects douloureux de la séparation. Esquiver ces aspects, les dissimuler, les refouler, c'est se préparer des ennuis pour plus tard. Par exemple, quelqu'un qui n'a jamais pu prendre le large pour s'essayer à l'autonomie et à la liberté pendant son adolescence, pourrait, à l'âge adulte, devenir envieux de son propre enfant ou s'identifier à lui et vouloir se défouler, par exemple en ayant des liaisons. Untel peut s'être efforcé pendant sa jeunesse à ne pas braver ses parents, au point de développer en secret un esprit de rébellion qui le perturbera ensuite en permanence. Les problèmes se règlent le plus facilement au moment où ils se posent !

En résumé

L'adolescence est le temps des grandes transformations. Les parents, eux aussi, doivent changer. Pour notre teen-ager, la maison doit être le port d'attache de son exploration du monde. Dans la recherche de son identité, il doit savoir que ses parents l'aiment et lui font confiance. Son esprit de rébellion et ses gestes de défi résultent surtout de son apprentissage de l'indépendance, de ses tentatives pour se séparer de vous et rechercher sa propre voie. Par moments, les parents comme l'ado se sentent tantôt incompris, tantôt mal-aimés. Les heurts et les conflits sont inévitables. Les parents qui voient leur ado grandir, peuvent avoir le terrible sentiment de perdre leur rôle, leur identité, aussi bien que leur enfant. On a l'impression qu'un abîme se creuse entre l'enfant et ses parents. Cette volonté de se différencier, de se distancier, finira par donner à l'adolescent la confiance en soi et l'amour-propre qui l'aideront à devenir un adulte solide, créatif et sociable. N'hésitez pas à l'encourager dans sa recherche de liberté et d'autonomie : il se sentira d'autant plus proche de vous !

Postface : le couple

Quand nous aimons, nous n'avons qu'un droit : celui de perdre.
Tenir est simple ; chacun sait le faire sans même apprendre.

Rainer Maria Rilke, *Requiem for a Friend*
(Requiem pour une amie) (trad. de Lorand Gaspar)

Pour conclure ce livre, il serait réconfortant de croire qu'en ayant examiné le «non» qui nous concerne en tant que parents, nous avons fait le tour de la question. Toutefois, vous aurez compris qu'il s'agit d'un processus de longue haleine qui continue tout au long de notre vie et pour toutes sortes de relations : au sein du mariage, avec nos associés, nos parents, nos collègues de travail.

J'ai fait allusion aux difficultés que rencontre le couple pour s'entendre à propos de l'enfant. Il est parfois dur de dire «non» à l'autre, de maintenir son point de vue et de trouver malgré tout une solution commune. On peut traiter le problème chacun pour soi pour éviter le conflit, tout en sachant qu'une position commune serait préférable. Nous rencontrons souvent ce genre de difficultés et pas exclusivement dans la relation parent-enfant. Je voudrais jeter un bref regard sur les thèmes que j'ai abordés, en les plaçant dans la perspective du couple.

Le «oui» cadeau

Dans un couple, les partenaires veulent se faire plaisir en offrant à l'autre une chose unique, spéciale, par exemple, approuver, encourager et soutenir ses efforts. Nous parlons de nous comme des deux moitiés d'un tout. Nous envions ceux que rien ne sépare, qui sont liés corps et âme. Dans cette image de couple idéal, il y a peu de place pour reconnaître la valeur du «non» et de la différence. Il n'y a aucun doute que pour le couple comme pour l'enfant, un bon degré d'harmonie et d'unité renforce l'entente et l'attachement sur des bases sécurisantes et apporte une grande satisfaction. Cependant, je suis persuadée qu'ici aussi, chacun a besoin d'espace pour pouvoir développer vraiment ses potentialités.. Quoique très étroitement lié à la plante, le liseron ne la soutient pas, mais il peut l'étouffer.

Dire toujours oui, même si vous êtes en parfait accord avec votre partenaire, peut vous donner l'impression qu'il n'y a aucune différence entre vous, ce qui peut être réconfortant mais rend la vie très statique. De plus, s'il arrivait que l'un des partenaires exprime le moindre désaccord, l'autre le ressentirait comme une trahison. Les conséquences peuvent être catastrophiques, mener même à la rupture.

L'autre piège est de dire «oui» pour faire plaisir, même si vous avez envie de dire «non». Vous êtes heureux d'offrir à votre partenaire quelque chose qui lui plaît. Votre «oui» est un cadeau. Cependant, si cela devient une habitude, vous aurez l'impression irritante de ne pas être apprécié. Vous deviendrez rancunier et en voudrez à votre partenaire : «Je fais tout pour lui et il ne m'en est pas du tout reconnaissant.» En fait, c'est vous-même qui avez choisi cette voie et vous êtes responsable de ce qui arrive.

En contrariant votre partenaire, vous pouvez craindre que cela ait des conséquences pour vous deux. Vous n'aimez pas vous sentir méchant, égoïste ou malveillant. Vous n'aimez pas voir la personne que vous aimez, désappointée, irritée ou fâchée. Alors, vous évitez la confrontation. En fait, dire «non» peut être libérateur pour les deux partenaires. Si vous donnez chacun votre avis, vous vous offrez la possibilité de trouver ensemble un accord satisfaisant pour vos deux personnalités. Vous aurez la satisfaction d'avoir trouvé une solution ensemble. Ce ne sera pas votre idée de ce que veut votre partenaire qui déterminera votre choix. Vous découvrirez aussi que l'on peut être en désaccord et rester très proches. En vous permettant de dire «non», vous autorisez l'autre à le dire également.

Les miroirs déformants

Comme dans un miroir, nous voyons notre propre image dans le regard des autres. C'est particulièrement vrai dans le couple. Nous pouvons nous voir comme la créature la plus adorable qui soit ou comme la plus détestable. Nous sommes nombreux à nous préoccuper de l'image que notre partenaire a de nous, surtout si elle ne correspond pas à l'image que nous nous faisons de nous-mêmes. «Il me donne toujours le sentiment d'être une mégère», ou «Elle croit que je passe des heures à bosser juste pour le plaisir», sont des remarques qui reviennent souvent.

Si ce miroir que sont les yeux de l'autre vous renvoie toujours la même image, on peut finir par croire qu'on est effectivement tel que l'autre nous perçoit. Ainsi, si une femme qui croit simplement émettre un avis différent se sent perçue par son mari comme agressive, elle peut très bien revenir en arrière et renoncer à son idée. De même, si un homme qui se sent vulnérable se voit traité comme un enfant gâté, il peut à son tour, réagir en enfant gâté. Il est très pénible de se voir déprécié dans le regard de l'autre. Cela mine la confiance en soi. Et l'on finit par croire que c'est le miroir qui a raison. Si dans notre vie d'adultes, nous sommes confrontés à une image déplaisante de nous-mêmes, nous regarderons en arrière pour voir s'il nous est arrivé la même chose dans le passé, et nous trouverons ou non la force de refuser cette image qui ne reflète pas ce que nous sommes vraiment.

Une autre chose qui peut déformer l'image que nous avons de l'autre, c'est l'absence.

> Diane et Henri se disputent souvent. Chacun se sent déprécié par l'autre. Ils se sont fait une règle de dîner en tête à tête après le coucher de l'enfant, mais ils voient chaque jour arriver ce moment d'intimité avec angoisse, à cause de ce qui risque de se produire. Quand approche l'heure des retrouvailles du couple, chacun imagine l'humeur de l'autre et anticipe des problèmes. Diane, qui a passé la journée à la maison avec le bébé, a hâte de retrouver Henri pour parler du «monde extérieur», mais elle pense que, épuisé par une journée de travail, il va s'affaler devant la télé sans se préoccuper d'elle. Quant à Henri, qui est effectivement fatigué, il imagine qu'il va retrouver une femme déprimée et chagrine, et cela l'irrite déjà.

Au moment de se retrouver, chacun arrive avec en tête une image négative de l'autre. Quand nous avons parlé de la fréquence de ces soirées difficiles, nous avons découvert que c'est la personne qu'ils ont imaginé et non celle qui se trouve en face d'eux qu'ils rencontrent le soir. L'image prend la place de la réalité et l'un comme l'autre est incapable de voir, qu'en fait, l'autre n'est pas comme il l'avait imaginé. Notre travail avec ce couple a été de leur faire prendre conscience du fossé qui existait entre eux. Ils ont appris à ne pas préjuger de la réalité de l'autre. Chacun a dû reconnaître qu'il avait considéré l'autre sous une optique différente de la réalité. Nous agissons tous de cette façon jusqu'à un certain point.

FANTÔMES

Pour comprendre comment l'image de l'autre peut être déformée, voyons ce qui peut interférer pour troubler cette image.

Raymond travaille comme un fou. C'est un gagneur. Il est très exigeant, comme l'était son père, un homme perpétuellement insatisfait et qui attendait de son fils qu'il réussisse ce que lui-même avait raté. Cela avait toujours pesé sur les épaules de Raymond, particulièrement pendant son adolescence. A présent, Raymond est marié. Il se met sur la défensive chaque fois que sa femme lui demande la moindre chose, car cela lui rappelle son enfance. Il se sent exploité comme s'il n'en faisait jamais assez pour satisfaire des exigences toujours plus grandes.

Fiona était interne dans une école où elle était tyrannisée par ses camarades. Elle s'en est timidement ouverte à ses parents qui ont choisi d'ignorer sa plainte et de ne pas intervenir. Elle est devenue une adulte timide et effacée, incapable de défendre ses intérêts. Bien qu'heureuse dans son mariage avec Simon, elle a du mal à exprimer le moindre désaccord face à son mari. Il remarque souvent qu'elle est contrariée et se rend compte qu'il y est sans doute pour quelque chose, mais il ne sait pas pour quoi. Quand surgit un désaccord, Fiona se souvient des tourmenteurs de son enfance, rentre dans sa coquille et abandonne tout de suite. Alors, elle réagit avec Simon comme s'il était l'un de ses tyranniques camarades de classe et non le gentil mari qui émet une simple objection.

On voit comment les fantômes de l'enfance que nous avons rencontrés dans le premier chapitre, nous hantent durant toute notre vie. Souvent, des sentiments du passé resurgissent dans le présent. Dans le premier exemple, Henri venait d'une famille où la mère était souvent malade et dépressive. Chaque fois que Diane se sentait un peu malheureuse, il se sentait terriblement oppressé, à un degré que son humeur à elle ne justifiait pas. C'était comme si le chagrin de sa femme la transformait à ses yeux en la mère opprimée et dépressive de sa mémoire enfantine.

De même, le miroir déformant du passé altère l'image que Fiona et Raymond ont de leur partenaire. Raymond réagit avec le ressentiment de l'adolescent qui subit trop de pressions. Fiona rentre dans sa coquille et s'efface comme elle le faisait quand elle était petite. Tous transféraient à leur conjoint l'image d'un personnage familier de leur enfance. Cela influait sur la réaction du partenaire qui, de son côté, puisait des souvenirs dans sa propre enfance. Ainsi, le couple se débat dans un télescopage de confusions dont il a du mal à se défaire, parce qu'elles sont généralement inconscientes.

C'est un problème que l'on rencontre souvent au cours d'une psychothérapie de couple. Il est très difficile pour chacun des partenaires d'arriver à dire quelque chose du genre : «Je ne sais pas à qui tu pensais t'adresser quand tu me parlais comme ça, mais je n'avais pas du tout l'impression que c'était à moi.» De même que, lorsque le jeune enfant estime que sa mère s'est transformée en vilaine sorcière, elle doit se persuader que c'est faux, nous devons, au sein du couple, nous rappeler parfois qui nous sommes réellement. Nous devons pouvoir refuser d'être pris pour ce que nous ne sommes pas.

Un couple, mais deux individus

Négocier nos différences est une lutte de tous les âges de la vie. Si nous souhaitons avoir une relation basée sur la réciprocité, il est essentiel de savoir préserver nos sentiments sans nous laisser envahir par ceux de l'autre. Nous devons avoir assez d'assurance pour dire : «Non, ceci n'est pas moi» à l'image qui est donnée de nous, si nous sentons qu'elle ne concorde pas avec notre personnalité. Nous avons besoin de détermination pour défendre nos positions propres. Nous devons être capables de dire : «Non, je ne veux vraiment pas faire ça», si c'est ce que nous ressentons. C'est toute cette question de l'indépendance et de l'existence en tant qu'individu qui a été développée au long de ces pages.

Au sein d'un couple, il faut à tout moment se rappeler que l'autre est différent. Nous sommes souvent tentés de pousser l'autre à se conformer à notre idéal, de faire se confondre avec les nôtres, ses attentes par rapport à la vie. Nous avons vu que nos passés respectifs influent sur la perception que nous avons de l'autre et de nous-mêmes. Nous reproduisons aussi dans une certaine mesure des schémas relationnels qui nous sont familiers. Nous essayons de gagner les autres à nos vues. Mais pour qu'il y ait une vraie réciprocité dans une relation d'adultes, il faut qu'elle soit composée de deux individus qui choisissent de vivre ensemble. Nous parlons de liens qui nous unissent, mais ce qui nous rapprochera le mieux, c'est la liberté de choisir. Nous devons dire «non» à notre envie d'imposer nos vues, de confondre l'autre avec nous-mêmes ou avec l'image que nous avons de lui. Pour être proches, il faut laisser du champ à l'autre. Nous serons alors capables de nous engager dans une relation d'égal à égal et authentique.

Références

Epigraphe

8. Bhownagary, F., «To my children», in *Poems*, Calcutta, 1997.

Introduction

9. Phillips, A., *On kissing, tickling and being bored,* Londres, 1993.

11. Shah, I., *Les exploits de l'incomparable Mulla Nasrudin*, Courrier du Livre, 1997.

1. Les bébés

13. Tagore, R., *La jeune lune,* trad. de Sturge Moore, Paris, 1963.

15. Bion, W. R., *Aux sources de l'expérience,* PUF, 1991.

20. Stern, D., *The first relationship,* Cambridge (Mass.), 1977.

21. Murray, L., Cooper, P. J. (ed.), *Postpartum depression and child development,* New York et Londres, 1997.

15, 22, 24 Winnicott, D. W., *«Transitional objects and transitional phenomena»*, in Through paediatrics to psychoanalysis, Collected papers, Londres, 1992.

43 Klein, M., «Weaning», *in Love, guilt and reparation and other works,* 1921-1945, Londres, 1975.

46, 52, 54 Brazelton, T. B., *Points forts - les moments essentiels du développement de votre enfant,* LGF, 1999.

48 Fraiberg, S., *Fantômes dans la chambre d'enfants,* PUF, 1999.

2. De deux à cinq ans

57 Tagore, R., «When and why», in «*The crescent moon*», in *Collected poems and plays of Rabindranath Tagore,* Londres, 1982.

58 Bettelheim, B., *Psychanalyse des contes de fées,* Hachette, 1985.

76 Harris, M., *Thinking about infants and young children,* Perthshire, 1975.

88 Sendak, M., *Where the wild things are,* Londres, 1967.

93 Daws, D., *Les enfants qui ne dorment pas la nuit,* Payot, 1999.

93 Tennyson, A., «In memoriam A. H. H», in *The works of Alfred Tennyson.*

94 Tomlinson, J., *La chouette qui avait peur du noir,* Gallimard-Jeunesse, 1999.

95 Herbert, F., *Dune,* Londres, 1975.

100, 107 Saint-Exupéry, A. de, *Le petit prince,* Paris, 1946.

3. De six à douze ans

108, 137 Dahl, R., *Matilda,* trad. de Henri Robillot, Paris, 1994.

112 Holmes, E., «Educational Intervention for pre-school children in day or residential care», in *Therapeutic Education,* vol. 8, n° 2, 1980.

119 Bettelheim, B., *Psychanalyse des contes de fées,* Hachette, 1985.

125 Britton, R., «The Oedipus situation and the depressive position», in Anderson, R. (ed.), *Clinical lectures on Klein and Bion,* Londres et New York, 1992.

138 Phillips, A., *On kissing, tickling and being bored,* Londres, 1993.

4. Les adolescents

159 Takeko, K., *The burning heart – Women poets of Japan,* New York, 1977.

182 Waddell, M., *Understanding your 12-14 year old,* Londres, 1994.

182 Winnicott, D. W., «Transitional objects and transitional phenomena», in *Through paediatrics to psychoanalysis,* Collected papers, Londres, 1992.
183 Winnicott, D. W., «Adolescence – struggling through the doldrums», in *The family and individual development,* Londres, 1965.
188 Shakespeare, W., *Beaucoup de bruit pour rien,* acte II, scène 3, trad. de F.-V. Hugo, Paris.
189 Dolto, F. et Dolto-Tolitch, C., *Paroles pour adolescents - Le complexe du homard,* Hatier, 1989.
198 Sondheim, «Jet song», in *West Side Story.*
205 Robertson, J. et J., *Separation and the very young,* Londres, 1989.

Postface : le couple

207 Rilke, R. M., «Requiem pour une amie», in Œuvres 2 – *Poésie*, trad. de Lorand Gaspar, Paris 1972.

Titre original : Saying "no"
Traduction : Catherine Vandevyvere

Imprimé par G. Canale & C. S.p.A. en Italie
ISBN : 2-501-03293-4
D.L. février 2000/0099/026